九龍城寨

CITY OF DARKNESS

外傳

THE RISE

1973 —— WITHIN —— 1988

THE WALLS

信一傳

余兒 —— 著

目錄

CONTENTS

1980 第三章

第四章

第一章
CHAPTER 1

1.1 風與信

「阿森，天威跟西環的卓飛最近好像鬧得火紅，看來難免一場械鬥。」吸著煙的龍捲風輕描淡寫地說：「天威一直幫你做事，你會出手幫他吧？」

「嗯，上頭不想兩幫人開打，叫我充當和事佬，小事一樁。」

龍捲風吐出煙圈，點點頭。

龍捲風與藍森，一黑一白，一起經歷過多次戰役。自擊退雷震東之後，已經再沒有真正的對手出現，除了跟狄秋分家的那一場「意外」，打後的日子，龍捲風大部分時間也待在九龍城寨。

今天他在家中親自下廚，招待藍森。

吃過晚飯，二人邊吃水果，邊談天說地。

「祖哥哥，吃蘋果啦。」一名小女孩把兩個蘋果捧在手上，一個給了龍捲風，另一個交給藍森：「爸爸，這個是你的。」

「藍男真乖！」龍捲風摸摸藍男的頭。

「我最疼的就是藍男！」藍森把藍男抱起。

「我也疼爸爸。」藍男吻上藍森的面頰。

「藍男，今日你生日，爸爸買了禮物給你。」

「什麼禮物啊？」

藍森從口袋取出一隻手錶。

那是一隻鮮黃色錶面的哈哈笑圖案手錶。

藍男接過手錶，望望哈哈笑圖案，又望望藍森，甜笑起來。

「爸爸，它的笑臉跟你很相似。」

「哈哈，那以後爸爸不在你身邊的時候，它就代替我陪著你。」

龍捲風看著藍森父女，覺得生活根本不用風風火火，不用爭名逐利，平凡就夠。

雷震東的「青天會」瓦解之後，江湖上再沒有人可以威脅得到「龍城幫」，縱然龍捲風無意擴大幫會，但自己的名號卻吸引了不少慕名的人加入，令「龍城幫」的人數與日俱增。

而龍捲風卻樂於安逸，幫會的事務，大部分都交予一個名叫阿潮的門生處理。

此時，一名少年推門而入，對藍森說：「大伯。」再望向龍捲風：「祖哥哥。」

「信仔，你去了踢波還是去了打泥漿摔角？」藍森：「幹嘛全身都是污泥？」

信仔，就是未來「龍城幫」的接班人——信一。

那個時候，藍男八歲，信一十一歲。

「我對手很奸詐，技術不及我就把我推倒。」

「所以說，你又跟人打架？」龍捲風望著信一的臉。

信一摸著自己的臉，不敢正視龍捲風：「是他們先動手，我還手而已。」

「你應該餓了？」

信一點點頭。

龍捲風走進廚房把預先留起的飯菜拿到枱上。

「還暖的，吃飯吧。」

信一望了望龍捲風，又望望藍森，欲言又止。

「祖哥哥叫你吃，你就吃啦。」

「大伯，對不起。」信一：「沒下次了。」

「你千萬別說再沒下次，每次說完，下次一定打得更傷。」藍森笑說。

「大伯、祖哥哥，真的是他們先動手。」

藍森與龍捲風互望了一眼，沒再搭理他。

「你們是不是惱我？」

二人也沒回應。

「吃飯啦。」

龍捲風與藍森沒有罵信一一句，反而令他覺得渾身不自在。

「快吃啦！你吃完飯我們才可以吃蛋糕！」藍男帶點不耐煩。

「嗯！」

吃過飯和蛋糕後，藍森摸了摸信一的臉。

「信仔，大伯要去工作了，我不在的時候，你要照顧藍男。」

「知道！」信一醒目回應。

「藍男，你要聽信一的話。」藍森蹲下來跟藍男說。

「聽他話？」藍男嘟嘴：「他會不會拉我一起去打架，令我被人打死？」

「當然不會啦！」信一急著反駁。

「你兩個聽著，今晚留在這裡，我工作完，明天便會回來接你們。」藍森望向信一：「不要惹祖哥哥生氣。」

「嗯嗯。」

說完，藍森便跟龍捲風道別。

「明天找你飲早茶。」

「嗯。」

藍森離開後，藍男沒多久就睡了；信一卻是夜貓子，從小不愛早睡，龍捲風不但沒像家長般迫他上床，還跟他上了天台談天。

初夏之夜，信一青春的皮膚被晚風吹拂，甚感愜意。

「信仔，有沒有想過長大之後當個怎樣的人？」

「我想像你一樣。」

「你想當九龍城寨街坊福利會主席？」

「不是。」信一擰頭，頓了頓說：「我想當龍頭。」

「嘩，你真大想頭。那你是不是想祖哥哥早點去死？」

「當然不是！」

「我未死，又怎把龍頭位傳給你？」

「那我不當龍頭了，我當你的頭馬就可以。」

「哈哈哈，傻孩子。」龍捲風摸摸信一的頭：「為什麼不跟你大伯當警察？」

「警察嗎？我不想。」

「為什麼？」

「制服不太好看。」

「哈哈哈，原來是個注重外表的小鬼！」龍捲風打從心裡笑出來：「你啊，我知道我再說，你都不會聽入耳，但我還是要跟你說：別動不動就跟人打架，要學會沉住氣，知不知道？」

「我知道，但有時候很難忍。」

「一點小事就發火，動不動就開打，不懂沉住氣，大了怎當龍頭？」

「當龍頭要沉住氣嗎？」

「當然了。」

「祖哥哥，就算你那麼好打，也要沉住氣嗎？」

「嗯。」

「為什麼？」

「因為我們要以德服人。」

「怎樣才可以德服人？」

「長大了你就會知道。」龍捲風含笑望向眼前這個輪廓清秀的少年：「信仔，其實你的名字改得很好。」

「怎麼個好法？」

「做人，記得言而有信、一諾千金。」

信一在消化龍捲風的說話。

「祖哥哥，你會不會死的？」

「當然會啦，人人都會有死的一天。」

「你那麼好打，都會死？」

「任你再好打，都會。」

「你死後還會看著我嗎？」

「會，如果有一天，我不在人世，你就望向天空，有一顆星星會向你眨眼，那就是我了。」

儘管少年早熟，但心底裡卻是個重情的男孩——其實祖哥哥也是。

信一和他的祖哥哥一同抬頭，望著夜幕星辰，小小年紀的信一心裡默念，如果世上有神，我祈求祖哥哥可以長命百歲，就像此刻此時，永遠跟我在一起。

第二早天還未亮，便有幾個警察來到龍捲風的家，在他的門前跟他說了幾句就離開。

龍捲風關上門，在家中大廳點了煙，狠狠地大口大口抽著。

直至抽了十幾根煙，信一帶著惺忪睡眼走到龍捲風面前。

「祖哥哥你為什麼不睡覺？」

「祖哥哥要外出，晚點會回來，你待會買早餐給藍男，好嗎？」

「你要去哪裡？」

「我要辦點事情。」

「早點回來。」

龍捲風點了頭，勉強笑了一下就離開。

一小時後，龍捲風站在藍森面前。

「阿森……」可他的好兄弟，永遠也不能回應了，因為——

藍森，已成為一具屍體。

昨天還好端端一起吃飯聊天，怎麼一別之後，我會身在殮房才見得著你？你怎會躺在這裡，一睡不起？

龍捲風獃獃望著藍森屍首，仍然不能接受，昨晚怎可能是我們最後一次見面？

藍男怎算？信一怎算？

良久，一個身穿西服的男人走來。

龍捲風抬頭一看，來的是他另一位「老朋友」。

「Lok哥。」龍捲風喚起男人的名字。

Lok哥，就是曾經跟龍捲風鬥個火紅火綠的總華探長雷樂。

隨著雷震東戰死，二人的恩怨亦告一段落。

雷樂甚至沒有恨過龍捲風，當日他在弱勢之下，憑個人智慧擊敗如日方中的「青天會」，說實在的，雷樂還有點識英雄重英雄。

藍森是油尖旺的華探長，是雷樂的下屬，作為上司，他總要來看看藍森的最後一面。

「這到底是什麼一回事？」龍捲風冷冷問道。

「昨晚天威跟卓飛兩幫人講數，阿森負責調停，阿森跟天威要好，難免會偏向他，到最後兩方差不多達成協議，卓飛那邊突然走了個小鬼出來刺了阿森一刀，正中要害，送到醫院已失救。」

「那小鬼多大？」

「十六。」

龍捲風沉思了一會，雷樂又道：「那小鬼未來都要在獄中渡過。至於卓飛，他的老大已找上我，告訴我真的只是一場意外。我跟他說，就算我不介入，龍捲風也不會就此作罷……所以西環那幫人，想約你今晚會面。」

「好。」

「想怎樣處理，你自己決定。」

擺下一句，雷樂就離開了。

這幾年，龍捲風已鮮有動武……

這一夜，他會因為藍森而大開殺戒嗎？

此刻的龍捲風除了因好友之死而傷心，更令他困惑的是，到底該如何告訴藍男和信一真相。

1.2 怒火

藍男，你爸死了。

——這是龍捲風人生中最難以開口的一句話。

千斤重，從此讓小女孩曉得人間萬般苦。

簡短交代的一句，在靜默的空氣中迴盪。

龍捲風別無他法，只能直接說出殘酷真相。

「你倆，以後就跟我一起生活。」

早熟的藍男知道祖哥哥不會拿爸爸的生死來開玩笑，她也知道死亡是怎樣的一回事，就是今生今世，不能再見到自己的至親，不能親他的臉頰，不能跟他說佻皮話，不能讓他看見自己長大，參與她的人生。

往後她的所有喜怒哀樂，他都不會在場，不能共享。

藍男懂性以來就沒有見過媽媽，在她目前為止的生命裡，爸爸和信一是她僅有的親人。

八歲的她，首次感受到生離死別的極度痛楚。這種非肉體的痛，對這生性堅強的早慧女生而言，還是太複雜、太虛幻、太過難以形容。

一剎那，她不知道應該憤怒還是驚怖，該痛哭還是尖叫才好。

龍捲風把眼前這個出落得清秀倔強的女孩子擁入懷中，輕輕拍著她的背。藍男這才忍不住潸然淚下，一哭，就如堤缺，嘩啦嘩啦大哭起來。

哭聲無比淒涼，任龍捲風是當代江湖巨人，也不禁一陣鼻酸。

在旁的信一聽到消息，一直沒說話，只呆呆地站在原地，眼神盡是茫然。

想起昨夜才跟祖哥哥談起死亡的事……原來，死亡不是說說而已。

信一的身世比藍男更不堪，他從沒感受過父愛，尚在腹中，父親就意外死了，母親生下他後，患上抑鬱症，就把他交給藍森，然後就再沒出現過。後來有人通知藍森，她死在毒窟之中。

他自小由藍森帶大，跟藍男一同長大，感情要好。

知道大伯死了，信一內心顫動、悲痛，但更大的感受是——怒火在猛烈燃燒。

因為他知道，硬漢的大伯不會無緣無故死去，這噩耗由祖哥哥捎來卻又沒說明，大伯一定是被加害的。

「祖哥哥，」信一走到龍捲風身前：「大伯是怎樣死的？」

懷中的藍男仍在啜泣，龍捲風望著信一，百感交集。眼前的少年比同齡人成熟，但生性衝動，如果讓他知道藍森是被仇家殺死，他從此定會帶著仇恨度日。

龍捲風也走過差不多的路。

當年自己的叔嬸被燒死，他同樣怒火中燒，立誓要找雷震東報仇；最後沒錯他是手刃了雷震東，可是他卻因此失去了一位重要的知己。

一旦踏上復仇之路，就得背負巨大重擔，不管最終能否如願，過程中一定讓你失去更多，一個搞不好，更會被仇恨控制了心性。

信一沒有哭，反令龍捲風更加擔心。

他沒有當過父親，面對即將進入青春期的信一，更加不知如何是好。

當晚凌晨，哭了一整晚的藍男終於累極入睡，信一則一直守在藍男身邊，緊握著她的手。

龍捲風，來到了城寨內的天后廟。

空地外，聚了一班前來謝罪的人，為首的卓飛一見龍捲風，隨即跪在地上，身後的門生跟隨老大，一同跪下。

「龍哥，這真的是一場意外，就算天給我做膽，我也不敢動森哥。」卓飛說。

「事情到底是怎樣發生？」龍捲風木然道。

「我跟天威兩幫人雖然不和，但森哥在場，我們一定不會亂來。但你也知道森哥跟天威關係要好，我們兩幫人談判，他難免會偏幫天威。」卓飛續道：「最後森哥開出一個停火條件，老實說，那條件是對我方不公平的，但既然森哥已開口，我都答應了，就在此時，細鳳就突然衝出來刺了森哥一刀。」

「那個細鳳是你直屬門生？」

「是我門生阿言的門生。」

卓飛望了望身後的阿言。

龍捲風看著卓飛，再望著阿言。

看二人的神情，龍捲風相信事情真的未必是二人指使，但那個細鳳又是他們的人，龍捲風絕對難以吞下這口氣。

他的拳已握得勒勒作響，二人也知道龍捲風不會就此罷休，他一旦出手，全場人不會有命回去，所以卓飛作了一個果斷的決定。

他從後腰抽出一把刀。

「龍哥，是我教導無方！」

說完，一刀就砍向自己的左腕，把手掌齊口斬斷。

卓飛這一著算是反應飛快且精明，別瞧龍捲風看似那麼儒雅，一副不問世事的模樣，狠起來，隨時可以化身成恐怖惡鬼。

龍捲風，是很多人的信仰；

龍捲風，也是很多人的夢魘。

江湖曾流傳，某個下三濫人物喪波不知何事開罪了龍捲風，整個派系一夜間就被龍捲風剿滅。

沒有人敢追查原因，也沒有人敢在龍捲風面前提起此事，那一日之後，龍捲風雖然沒有再出手，但任誰都知道，一旦觸及到神人的底線，絕對不會有好下場。

卓飛有所「交代」，雷樂亦答應再派人在獄中修理細鳳，事已至此，就算把他們全部殺掉，又有何用？

龍捲風走到卓飛面前，拿起斷掌。

「叫那個細鳳若有命出獄，別讓我見到他。清楚了沒有？」龍捲風把斷掌遞給卓飛。

「知道！」卓飛這一局博贏了。

「走。」

卓飛拿回斷掌，跟一眾門生離開，空地回復寂靜，龍捲風卻感到身後還有一雙眼睛望著自己。

回頭去看，那雙水汪汪的瞳仁，充滿怒火。

信一剛剛一直在暗角看著這一幕，這是他第一次感受到祖哥哥那股巨大氣場，也是第一次瞧見斷掌。

一個十一歲的男孩，看見如此腥風血雨的場面，卻也太冷靜了。

「祖哥哥……」信一走到龍捲風身前，冷洌地問：「為什麼你要放他們走？」

龍捲風愣住了，眼前的信一忽然變得很成熟，神情和語氣跟一個成年人無異，他是何時急速成長到這個模樣？

抑或信一本來已經有這一面，只是一直沒有在他面前表露出來？

聰明絕世的龍捲風，竟然也不知怎樣回應。

「是他們害死大伯的。」

「殺你大伯的人，會得到應有的懲罰。」

「你明明可以幹掉他們。」

龍捲風跟信一四目交投，他看得到，信一的眼神充滿著仇恨與怒火，如果不能把這股怒火撲熄，他便會帶著仇恨度日；可此刻龍捲風卻累得不想開口。有些事情，並非三言兩言可以說明。而龍捲風從來不是口齒便給的人，他是以行動代替說話的人。

他是信一的父輩，但他終究不是他的父親。

僵持了好一陣子，信一先行轉身離去。

那一天之後，多言的信一變得沉默，也沒有主動跟龍捲風說話。

龍捲風也不知該跟他說些什麼才好，都是叫他吃飯洗澡睡覺。

信一亦沒有出言反駁或頂撞過他，龍捲風叫他做什麼，他都會照做，做完就沒有任何對話。

以前，吃過飯後，龍捲風會跟信一藍男一起看電視，雖然沒有血緣，但龍捲風就很疼愛他倆，信一亦十分尊敬龍捲風，在他心目中，祖哥哥是最棒的神人。

信一對龍捲風的態度跟以前不同了。

像一個離經叛道的人，信一開始背離他的信仰。

藍森出殯當日，藍男哭成淚人，信一沒有哭，卻很心痛。

跟他一起長大的堂妹自小常常笑，很少哭；看見藍男哭得如此淒涼，信一手足無措，就更痛恨害死大伯的那班人。

望著藍森的遺照，信一默念，一定會好好照顧藍男；在這個世界上，從此藍男與信一，就是彼此的唯一至親。

信一在內心向大伯保證，絕不會讓別人傷害藍男。

轉眼匆匆又過三年。

這幾年，信一在九龍城一帶結識了一班朋友，組成一股勢力，雖然只是個十四歲的少年，卻已是這班童黨的首領。

他們沒有幫派，沒有加入其他社團，是區內一班小混混。

信一黨只有七八人，除了一個叫阿鬼的比信一年長半歲，其他都比信一小。

進入了青春反叛期的信一，為顯示自己的實力，動不動就跟其他童黨打架，當然這樣年紀，打的都是拳頭交，從來沒有亮刀刃。

每一次打贏，信一都以為對方會對自己報復，卻從來沒有，信一認為，自己的實力太強，對手不敢反擊。

除了打架，信一花最多的時間，就是關注藍男。有時候，藍男想起父親，還是會哭。

看到藍男哭，龍捲風就不知如何應對，試過安慰她，她哭得更厲害，那個時候，信一總會帶她到外面走走，回來就沒有再哭。

龍捲風曾問信一如何令藍男不哭，信一卻冷冷回應：「你是龍頭來的，有什麼可以難倒你？」

藍森已過身三年，這段期間龍捲風一直是二人的監護人，但龍捲風可以管理一個幫會，卻搞不定信一。

二人的交流好像變得愈來愈少，同住一室，卻生疏得如陌路人。

到底什麼時候開始，信仔如此討厭我？

一天，信一回到家中，看見藍男又在啜泣，但這次他察覺到跟平日掛念爸爸時的悲哭不同。

「藍男，發生什麼事啊？」

「我的手錶被人搶走了。」

「是誰那麼大膽？他們不知道你是我的妹妹嗎？」

「黃大仙灰狼。」

「灰狼？他死定了！」

當晚，信一就連同阿鬼及十幾個同伴闖上黃大仙一棟七層高的公屋。

信一知道這裡就是灰狼的聚腳地，他們小心翼翼的來到垃坡房外面。

「阿鬼，他們真的在這裡？」

「我收到消息，應該不會錯。」

「以垃圾房作聚腳地，垃圾中的垃圾！」

信一發現垃圾房的大門沒完全關上，小心翼翼走到門前，往裡面看，瞧見一幫人朝一個肥仔拳打腳踢。

信一雖不知道當中的因由，但一大班人圍毆一個小朋友，絕非什麼東西。

「阿鬼，是不是他們？」

「對啊！」

信一衝入垃圾房，大吼：「誰是灰狼？」

一個看起來比信一年長的高個子朝信一這邊看：「我就是了！」

「這班狗糧養的找死了，竟敢惹怒藍男，給我打！」

對方雖然看起來比信一年長，但信一氣勢強大，居然把他那幫人唬嚇得愣住。

信一提起壘球棒就向灰狼迎頭砸下。

「哇，你是誰呀？」被痛擊的灰狼已倒在地上。

接下來的一分鐘，信一黨把對方打個頭破血流，連爬帶滾走出垃圾房。

信一看到被打到流鼻血的肥仔為一頭小狗解開頸上繩索。

「小狗，沒事了。」

肥仔摸摸小狗的頭，小狗很有靈性，嗚嗚地叫，似向肥仔道謝，然後又舔他臂上的傷口。

信一走到肥仔面前：「小子，你為什麼會被他們痛毆？」

「你認識藍男？」

「當然！」

「請你交給她吧。」肥仔把藍男的手錶遞給信一。

「原來你是為藍男而來的！」信一：「就你一個人？」

「嗯。」肥仔用力點頭：「請不要告訴她我曾來過。」

「看不出你蠻有義氣。好！肥仔，我喜歡你！他日你有事要我相助，即管來找我。」

肥仔沒理會信一，又摸了摸狗仔的頭：「狗仔，我要走啦，你自己要保重，不要再落入壞人手上。」

「汪！」小狗像聽得懂肥仔的話，醒目回應。

肥仔站起，在信一身旁擦身而過。

信一突然很想叫住他，卻又沒開口，看著他背影慢慢遠去。

「信一哥，為什麼你好像很不捨得他？」

「這肥仔很夠義氣，本想問他有沒有興趣跟我們一起混。」

「那為何不問？」

「他太肥，跟我們混在一起不太好看，還是算了。」信一又道：「忘記問他的名字，不要緊，總覺得會跟他有機會再見。」

信一望了望地上的小狗。

「小狗，看來你差點便被灰狼弄死，是那肥仔救了你，對嗎？」

「汪！」

「這小狗像聽得懂我說話！」

「你試試再問他其他東西？」阿鬼笑。

「你肚餓嗎？」

「汪！」

信一笑笑。

「想不想跟我回家？」

「汪！」

「我帥不帥？」

「汪！汪！汪！」

「哈哈哈，這頭狗，很有靈性而且很老實呢！」

當晚，信一不但把手錶交給藍男，還把小狗帶回家。

藍男見到手錶已笑了，看見小狗，更笑彎了眼。

「牠很可愛啊！你在哪裡找到牠的？」

「幫你拿回手錶的時候，那頭小狗正被那幫人虐打，所以，我就把牠救回來。」

信一說的事，半真半假，事實是小狗是由肥仔所救，但他答應過肥仔不能說，也唯有說謊。但原來，信一是個不太會說謊的人，撒個小小的謊，居然也有點心虛。

「牠真的很可愛。」藍男摸著小狗，小狗也很像很喜歡她。

「你喜歡牠嗎？」

「喜歡。」

「那你以後對牠好一點。」

「我可以養牠嗎？」

「嗯。」

「但，祖哥哥會不會不喜歡？」

信一始終年紀小，在這個家還不至於可以作主。

此時，他們的祖哥哥回來，一入門，就見到家中多了一頭狗。

「是誰的狗？」

祖哥哥望向藍男又望向信一。

藍男望向祖哥哥又望向信一。

信一望向藍男又望向祖哥哥。

「牠是我救回來的，我們可不可以收養牠？」信一鼓起勇氣。

「在哪裡救？」祖哥哥望向信一。

「在垃圾房，牠給別人吊起，我救牠下來。」信一迴避祖哥哥的眼神。

龍捲風望著藍男抱住小狗的嬌憨模樣，心頭早就軟了。

龍捲風在小狗前蹲下來，摸摸牠的頭，小狗也很醒目，像知道誰是話事人，立時擺尾。

「牠叫什麼名字？」

「還不知道呢。」

「以後你就是牠的小主人，幫牠起個名字吧。」

「多謝祖哥哥！」藍男好久沒有那麼開心過：「牠全身都是白色，就叫小白啦，好不好？」

「那麼隨意？」龍捲風笑了：「不過你喜歡就好。」

「嘻嘻。」藍男摸著小白的頭：「以後你就叫小白，知道了沒有？」

「汪！」小白神氣回應。

「乖！」

自從藍森死了之後，已沒有見過藍男如此開懷笑過，信一跟龍捲風也同時由衷笑了。

信一望了龍捲風一眼，心裡很是感激，想道謝，卻又開不了口。

龍捲風理解信一的心意，當然沒勉強，只對信一回了個善意的微笑。

二人的關係看似可以修補，很快，卻又被另一件事打破。

1.3 反叛

信一才剛踏進學校，早就在等著的班主任就把他逮住；她把信一帶到教員室，一臉頭痛地說，校長決定要他暫時停學。

原來昨天信一在垃圾房痛打一頓的那幫人，其中一人是他鄰班同學，當時一眼就認出了信一。那男孩被修理得一臉紫青，回家被母親追究，本來心想：江湖事江湖了，出來混，不是你打人就是被人打，沒什麼好怨的。

可是他愈不說，媽媽下手居然比信一更重，最終抵受不了，就把事情和盤托出（但保留了搶走藍男手錶的一段）。

信一的班主任鄭老師，是個二十多歲的年輕老師，開學以來，面對一班桀驁不馴的頑劣學生早已心力交瘁，每日但求不要出亂子而已。她望著眼前這個不服管教但又相貌出眾的少年，心裡嘆了口氣：這樣飛揚的人，誰又能管住他呢？

她不知道，本來是有的。

那人，是信一從小仰望著的、比信一更不受約束的風般男子。

如果是鄭老師作主，她當然會大事化小，小事化無就算；可信一連群結黨去毆打別人，那是刑事罪行，萬一鬧到警察那裡，只怕會前途盡毀。

鄭老師嘀嘀咕咕地，著信一回家去，把家長帶來。

信一離開學校後在街上流連了半天，不想回家，只想逃避。

其實他也不是怕了祖哥哥，只是這兩年大家很少交談，同住一室，明明應該很親厚，但關係卻總是怪怪的。

小時候的信一很尊重祖哥哥，視他為偶像；可長大之後，祖哥哥成了一堵阻擋著他前行的巨牆。

他不笨，知道自己之所以能在九龍城橫行，當然不是因為實力澎湃；大家打輸了不再追究，全因為自己仗著龍捲風的威名。

他甚至知道，有人在背後說他是吃龍捲風奶咀大的裙腳仔，沒有龍捲風的奶咀，只是個未戒奶的巨嬰。

聽得愈多，信一就愈想證明自己，愈不想人家將他跟龍捲風拉上關係，頂多只是住在同一屋簷下，能不說話就不說話，跟龍捲風的隔閡因此也愈來愈大。

能夠待在龍捲風身邊，受他護蔭，那是多少人夢寐以求的；但對信一而言，龍捲風那宛如巨人強大的身影，卻令他不知如何自處。

儘可能，信一都不想對祖哥哥有所要求，自己已經十四歲，有什麼事也可自行解決。

他暗自盤算，再過一兩年，可以出外工作、可以照顧自己，就要搬出九龍城寨，往外闖一番作為。

他不是討厭他，甚至還是很喜歡他、景仰他，但急於逃離又交織著躁動的各類矛盾情感，一直在心內縈迴。

他以為，就這樣多待兩年就可以，好死不死，鄭老師要求見家長，即是說，信一不想面對也要面對祖哥哥。

回家路上，信一沒精打采經過街市的時候，忽然感到身旁有股強大氣場，往旁一看，居然見到祖哥哥兩手拿著兩袋餸菜。

「信仔，今晚有紅衫魚吃。」龍捲風舉起左手袋著鮮魚的紅色膠袋。

「嗯。」信一冷冷回應。

「一起回家吧。」

信一沒應答，跟著龍捲風的步調，走路回家。

二人的影子落在地上，拉得長長，信一知道身前的這個人，縱然權傾江湖，但在他和藍男面前，永遠也飾演著慈父般的角色，可以相信、可以依賴。

可信一卻偏偏不想自己一直依賴著他。

有時候，更刻意地跟他拉開距離。

龍捲風看著信一落後的影子，心裡也知道，這小子漸漸長大，總有一天，會向外闖，可以跟他相處的日子，已經不多了。

回到家，龍捲風為信一藍男下廚，煮了幾味簡單小菜，藍男最愛吃海魚，每次吃祖哥哥為她煎的紅衫魚，都特別開心。

龍捲風非常疼愛藍男，看見她笑，心就溶化了。

有了小白，又吃了祖哥哥煮的飯菜，藍男覺得很滿足，今晚笑得特別多。至於信一就相反，他是個不懂掩飾，喜怒都掛在臉上的人。

飯後，藍男趁祖哥哥到屋外抽煙，輕聲問信一：「你怎麼今晚心事重重？」

「沒事啊。」

「怎會沒事？一看就知你有心事啦！」藍男把小白抱在懷中。

「真的沒有。」

「是不是又在學校鬧事？」

「都說沒事。」

藍男轉了轉機靈的眼珠：「你現在不說，待會也要跟祖哥哥說。」

「你怎知道我要跟他說？」

「你真笨！」藍男用指頭彈了信一的前額：「如果是只在外面打架，絕不會那麼煩惱，一定是驚動了學校，他們要見祖哥哥，你才犯愁成這樣子。」

「你很厲害！」信一：「那你覺得我如何跟他開口？」

「我也看得出來，你認為祖哥哥會看不出嗎？」藍男：「笨蛋，祖哥哥一直等你開口。」

此時，龍捲風剛好回來。

信一望了望他，藍男醒目地帶小白出門散步，大廳餘下二人。

「什麼事呀？」

龍捲風坐在信一身旁，輕聲問道。

「鄭老師想見你。」

「原因呢？」

「我跟人打架，對方告訴了鄭老師。」

「嗯，那我明天跟你去學校見她。」

龍捲風沒有動氣，信一卻沒鬆口氣，因為真正要面對的事情，是在明天。

翌晨，龍捲風跟信一來到學校教員室。

這天龍捲風穿了件深色外套，看起來比較穩重。鄭老師一見龍捲風，雖然知道他有點年紀，但只覺得他長得很帥氣，看起來還很年輕，更有一種說不出的親切感。

這人舉手投足都流露出懾人魅力，五官精緻得像在電影世界裡走出來的人物。很不真實，卻又實實在在的站在眼前。

這個女教師，居然把人家的家長看得出神。

「鄭老師，你好。」

龍捲風開口，把鄭老師拉回現實。

「這位一定是藍信一的監護人張先生。」

「沒錯。」

「請坐。」

龍捲風坐在鄭老師對面，信一則站在他的身旁。

「張生，信一有沒有跟你說，今天我因何要見你嗎？」

「他說他打架。」

「對啊，他連群結黨，還拿木棒毆打另一幫人，其中一個是他的學弟。」鄭老師頓了頓：「信一拿了武器，如果對方報警，那就麻煩了。」

「對方的傷勢嚴重嗎？」

「前額破了，幸好不用留院。」

龍捲風矚了信一一眼，然後跟鄭老師說：「鄭老師，非常抱歉，我願意賠償對方的醫藥費。」

「我想對方不是要求醫藥費。」鄭老師正色：「信一天資聰敏，數學成績也很好，只要他花多點心機讀書，相信將來可以當一名會計師；但如果他再這樣跟那些童黨三五成群，我怕他會愈學愈壞。所以，張生，我希望你可以好好看管信一，一定要讓他遠離黑社會。」

「嗯，我知道的了。」龍捲風淡然點頭。

離開學校，平素風輕雲淡的龍捲風居然按不住怒氣，揚聲惡罵。

「你打架我也不管你了，你還拿傢伙打人？知不知道隨時可以致命？」

信一無語。

「不用我說，你該知道打死人會有後果吧？」

信一依然不作聲。

「我真的不知道該怎樣教你！」

「我從來都是自生自滅，沒人教也是這樣活下來啦。」

「什麼自生自滅？我沒地方給你住，沒飯給你吃嗎？」

「既然你那麼討厭我，不用照顧我啦！」

說完，信一就氣沖沖地越過龍捲風，急步向前走。

「我哪有說過討厭你？」

信一的反叛與橫蠻，已超出了龍捲風的預期。

愈走愈快的信一，索性跑起來。

「你去哪？」

「聽鄭老師的話——遠離黑社會呀！」

龍捲風想追，卻又提不起腿。

這情況，給龍捲風追到，抓住了信一又怎樣？把他硬拉回家嗎？打他一頓？只會令他愈加討厭自己。

他也驚訝於自己竟會如此動怒。

從來，即使是天塌下來的大事，他也不會如此咆哮，臉甚至激動得漲紅……就算面對雷震東，他也沒這般失控過。

因為怕辜負藍森的付託，愧對故人？

還是，因為他真的當了信一是自己兒子般著緊，以致沉不住氣？

龍捲風苦笑。

這兩個孩子，真是他的心頭肉。

就這樣，二人的關係一直膠著，兩年後，十六歲的信一真正踏入少年期，留了微曲長長的頭髮，開始懂得打扮。

為了不想欠龍捲風太多，信一於一年前在龍捲風的震怒之下依然選擇輟學，並在九龍城一間理髮店當學徒。

懂得賺錢也懂得花，簇擁信一玩樂的人也日漸增多，勢力增大，也令信一想飛的心躍動起來。

他認為，九龍城始終是龍捲風的地方，他在這裡再厲害，也只是仗著龍捲風的威名。自己怎能一直在龍捲風的陰影下過活？總有一天，他會離開這片土地，離開龍捲風，衝出九龍城寨，往外闖出名堂，不用被這個地方困住。

他想逃出去，但終有一天他會發覺，他心甘情願一生一世留下來，再也離不開。

每天信一下班後，都會到九龍城一個公園逗留，這是信一黨的聚腳地。

這晚信一如常跟幾個同伴在公園吸煙聊天。沒多久，一名身形帶點胖的手下走過來。

「信一哥！」

邋著千秋的信一邋到最高點一躍而下。

「什麼事啊豬仔包？」

豬仔包抹著鼻血：「我被人打了一頓……」

「誰打你呀？」

「橫頭磡十三座細狗那幫人。」

「細狗？他不知道你跟我嗎？」

「知啊。」

「知道還敢向你動手？」

「其實是我先出手的。」

「什麼原因？」

「他……他們說你壞話。」

「什麼壞話？」

「他說你因為龍捲風才能在九龍城耀武揚威，沒了他，你什麼也不是……」豬仔包續道：「細狗還說你是……裙腳仔。」

信一聽了，沒有大發雷霆，反而沉默下來。

良久，信一叫眾人回家，獨自坐在公園。

他坐在千秋，腳在地上磨擦，千秋輕輕地前後蕩漾，思考著豬仔包的說話。

沒有親耳聽見，信一不確定是否屬實，但若果細狗真有說過而自己沒有行動，在別人眼中豈非變了窩囊廢？

他想了很久，到底如何才能證明自己早就獨當一面。教人知道即使沒了龍捲風，他的實力同樣不容忽視。

想來想去，最好的方法就是用拳頭去證實。

信一動身，正要步出公園，阿鬼卻回來找他。

「信一哥，你去哪，我陪你。」

「阿鬼，我不是叫你們回家嗎？」

「我知你一定忍不住。」阿鬼：「如果你要去，我陪你吧。」

「那就一起去吧。」

於是，信一與阿鬼闖上十三座。

九龍城寨雖然是龍捲風的地盤，但九龍城，以及附近一帶的橫頭磡，還有其他幫會盤踞。

來到橫頭磡十三座範圍，已見大廈對出的空地有五六個少年聚在一起，一看就知是這裡的陀地。

「阿鬼，你怕不怕？」信一往前行，跟身邊的阿鬼說。

「有一點，不過我會跟著你的。」阿鬼手也震了。

「站在我身後，有什麼事，我會保你！」信一吸一口氣，吼道：「誰是細狗？」

少年裡比較高大的一個，瞧見信一殺氣騰騰，卻手無寸鐵，不信他惡得到哪裡去。

「我就是細狗，你是誰呀？」

「細狗？」信一躍而前，飛身一腳踹向細狗的胸口：「我信一今日打到你變食屎狗！」

信一沒有求證是非，一踏入對方的地盤，就不管情勢，也不問情由就向對方動手。

或許他根本就無意問清究竟，只想藉一個機會去大打一場，用實力讓他人知道，信一就是如此有火，如此能打。

踩入別人的地頭，以寡敵眾，本就是不智的行為，但信一踏入了青春期，加上其憤世嫉俗的個性，根本無法按得住體內正發醇的青春怒火。

信一一股腦兒猛捶細狗，把他擊倒地上，連環重拳砸向對方面門。

「別打臉，別打臉！」

被打的細狗，沒叫信一停手，只著他別打臉，雖然長得不太好看，但看來相當著緊自己的長相。

「阻止他呀！」

無理的出手，當然會換來反擊。細狗大喝，旁邊的同伴便向信一出手，四人同時砸向信一背部，阿鬼見狀，立即上前加入戰線。

就這樣，這班人糊里糊塗的混在地上拳打腳踢。

阿鬼見信一被打，想也不想便用身體保護著他。信一見狀，作出了更狠的反擊，不能讓阿鬼獨自承受痛楚。

經過一輪混戰，各人身上亦沾滿了鮮血，信一雖然挨了很多拳，卻仍有力氣還手，他的目標很清晰，一直死纏著細狗不放。

細狗雖然人數佔優，竟被信一的野蠻攻擊震懾，眼神也軟弱起來。

就在此時，有人在他們身後大喝停手，來的是兩個軍裝警員。

其他人見警員到場，也停下手來，只有信一還在狂打細狗。

直至警員抓著他的衣領把他拉開，信一才停手。

「為什麼打架？」警員甲問。

信一抹去臉上的血，沒答話。

「為什麼打架？」警員甲望向從地上站起來的細狗。

「我怎知道，我們是被打的！」細狗大聲回答。

警員瞧見細狗等人比信一更傷。

「你們幾個也打不過他們兩個？」

「阿 SIR，抓他吧！」細狗大喊。

「小子，為什麼打人？你叫什麼名字？」

信一還是沒答話。

另一警員望了幾眼，覺得他很眼熟，想了想，便向警員甲道：「我認得他，他叫信一，是龍捲風的人。」

「你是不是叫信一？」警員甲。

信一點頭。

兩名警員互望了眼，便打算放他走。

「走，別再搞事。」

「阿 SIR，就這樣放他們走？龍捲風的人就可以隨便亂打人？」細狗怒吼。

「也不知道誰打誰，說不定是你先動手，是不是要一起返差館？」

細狗明知警員偏幫信一，就只有吞下這口氣。

眼白白讓信一離開，細狗相當不忿，衝口吐出一句：「裙腳仔！」

這是信一第一次從別人口中聽到這稱呼，比想像中還要難入耳百倍！

他回頭瞪向細狗，如果不是因為警員在此，信一好可能會當場把他捶爆！

回到九龍城，信一看見豬仔包在公園等他。

「信一哥，阿鬼。」豬仔包走到信一身前，瞧見二人受傷的臉，就知道他們跟人打架：「你們沒事吧？」

「沒事。」信一淡淡回應。

「你們找上細狗？」

「嗯。」信一：「有事找我？」

「對啊，信一哥，你之前說過，想離開九龍城往外闖，是不是真的？」

「真假又如何？」

「剛剛有個朋友跟我說，尖沙咀鳳仙哥很想請你過去幫他。」

「鳳仙哥？」信一一臉孤疑。

「他是今期最有名望的黑道新星，有幾十個門生跟他。」

「他所屬哪個幫會？」

「『架勢堂』！」

信一一聽到「架勢堂」，整個人都熱起來。

因為這個幫會在江湖發展迅速，甚具名氣，與「暴力團」、「龍城幫」三分天下。

1.4 出走

翌夜，經豬仔包搭路，信一跟阿鬼及幾個同伴來到尖沙咀。

信一的童年和少年期，大部分時光都在九龍城渡過，除了聖誕節和除夕或會跟大夥兒到海旁倒數，甚少涉足此地。

日間，這裡是國際級的商業重地、遊客天堂、名店林立、文化匯萃之處；入夜，霓虹燈上，是繁華喧鬧的不夜城，紅燈綠酒，酒色財氣，尖東有此城最集中的夜總會區。晨與昏，金錢都在流動，那況味，跟九龍城真的很不一樣。

與老舊的城寨相比，信一置身五光十色的煙花地，年輕的心怦然在跳、躍躍欲試。他瞧見幾個老闆級的人物在夜總會步出，個個身穿華貴大衣，左擁右抱，馬路更有一架架豪華房車在等待著他們，實在氣派。

那是派頭，跟龍捲風覆手翻雲的冷峻氣勢不是一回事。

可是，信一甩甩頭，未滿十七歲的他，並不想跟在祖哥哥身邊，要的，自然不是雲淡風輕，而是豪情壯志闖天下。

信一等人來到一個商業單位，大廳有幾個赤膊漢子，袒露出手臂紋身，叼著煙，一片吞雲吐霧。

豬仔包向其中一個紋身漢道：「是鳳仙哥叫我們來的。」紋身漢呼出煙圈，揚揚手，示意他們走進內間。

豬仔包打開門，尾隨的信一瞧見一個背心漢子正站在窗前，吸著煙，看著尖沙咀的景色。

信一留意到，背心漢子雙臂有數道粗大的疤痕。

「鳳仙哥！」豬仔包喊道。

叫鳳仙哥的背心漢轉身，左臉額頭亦有一道顯眼疤痕延伸至嘴角，一看就知是個有過去、有歷練的人。

「你是信一？」鳳仙哥從幾個少年中，一眼就看出信一。

「嗯。」信一跟鳳仙對望，裝作鎮定。但事實他也沒有很緊張，更有氣勢的，一直跟他生活著。

他潛意識的不安，可能只是來自於——這件事如果給那人知道了，不知道會怎樣。

「果然與別不同。」鳳仙哥表現親切：「大家隨便坐。」

「信一，其實我一直想認識你。幾經辛苦，終於找到你了。」

鳳仙哥的態度，並沒外表那麼兇悍。

「鳳仙哥有事找我？」

「豬仔包沒跟你說嗎？」鳳仙望向豬仔包。

「有啊、有啊。」豬仔包一驚。

「那我當你面再說一次好嗎，我覺得你是個人才，很想你過來幫我手。」鳳仙直視信一。

信一一時間不知如何回答。

鳳仙哥笑了起來：「這裡氣氛有點侷促，我們換個環境再談。」

環境一轉，信一滿臉緋紅。

他此刻身處的地方，是個夜總會包廂，而他正被兩個身穿低胸的小姐夾在中間。

「這位帥哥很可愛啊，你看他的臉，發燙了呢。」坐在信一左邊的紅衣小姐調侃他。

「讓我來看看。」右邊的黑衣大胸小姐挨向信一，直勾勾望著他說：「哇，你的眼睫毛，很長耶～～」

黑衣小姐的臉挨得很近，信一只覺得渾身不自在。

「聽說眼睫毛長，那話兒也短不到哪裡呢。」紅衣小姐一唱一和的接上去。

黑衣小姐以指尖掃了信一臉頰一下：「皮膚滑溜溜的。」

信一如觸電般，整個人僵硬起來。

「不要再逗他了，他僵硬得快變化石。」攬著一女的鳳仙哥說。

「他真的很可愛，我中意啊！」黑衣小姐忍不住親了信一的臉。

從沒如此接近女性的信一，被兩女調戲得全無招架，害羞得很想一頭鑽進地底。

「他真的很可愛呀！」黑衣小姐：「鳳仙哥，這帥哥叫什麼名字，怎樣現在才帶他過來？」

「帥哥，你自己回答她啦。」鳳仙哥笑說。

在信一旁邊的阿鬼及豬仔包就沒那麼受歡迎了，只得看著信一成為焦點。

酒過三巡，信一的膽子忽然大起來，開始跟小姐們有說有笑。

「信一，玩得開心嗎？」鳳仙哥。

「開心！」半醉的信一笑道。

年輕的信一酒量很差，幾杯酒下肚已迷迷糊糊。

「跟隨了我，以後就可以常常來玩了。」

「哈哈哈哈，好啊好啊。」

信一頭腦不太清醒，阿鬼生怕他説錯話，立時走到他身旁阻止信一説下去。

「信一哥，時候不早，明天還要上班，我們差不多該回去了。」

「這麼早就走？」信一帶著醉意笑説：「我還想喝啊。」

「來日方長，日後還有機會再玩。」鳳仙哥：「阿鬼，你先帶信一走，我們保持聯繫啦。」

阿鬼攙扶著信一：「鳳仙哥，那我們先走了。」

鳳仙哥笑笑，揚手。

「靚女，我先走了，我們之後再喝過！」信一向兩女飛吻。

「小帥哥，下次再見！」

才兩星期，信一似乎喜歡上這種生活。花花世界，紙醉金迷，最緊要——好玩。

某個夜裡，信一就跟手足們在九龍城公園商議，不如一起到尖沙咀發展。鳳仙哥較早前跟他說，只要跟著他，管吃管住，不用再待在城寨了。

但眼前跟隨信一的，全都是未成年少年，他們都是在九龍城長大，大部分甚至是健全家庭，還有學要上，要離開家裡，面有難色，萬般不願。

信一理解，也沒有勉強，最後就只有阿鬼答應與他共同進退。

第二天，信一趁著龍捲風外出午飯，匆匆回家執拾了幾件衣服，就打算離別。

黃昏時分，藍男在公園遛小白，信一突然不知從何處鑽出來，在背後叫住她。

「藍男！」

藍男回過頭來：「差點給你嚇死。今天提早下班嗎？」

「我沒開工。」

「幹嘛不開工？」

「髮型屋那邊我不幹了，今晚就要離開。」

「離開？」

「嗯，我要搬離九龍城寨，往外闖。」

「……」

「其實也不算突然啦，我快十七了，總不能一直困在這地方。」

藍男一時三刻接受不了，皺眉：「你不是答應過我，會一直照顧我嗎？」

「傻妹，我一有空就會回來，之後我會給你電話號碼，你有事情找我，我一定會儘快趕回來。」

藍男望著眼前的堂兄，覺得有點心煩——信一跟祖哥哥的關係不好，早就令家裡氣氛總是怪怪的。如果不是她總在居中調停，家裡可能一早已上演六國大封相。現在，居然說走就走？

男孩子的想法，她也不大清楚……她自己也是青春期，管自己的事，已經夠多夠煩。

她有點負氣：「我知道我們留不住你。不去外面闖，你不會心息吧？」

不斷有很多不同的人在城寨出出入入，來過的，走了；有些活得不像人的，在城裡死掉了；就算在城裡待很久的老街坊，也著她長大後、有錢了，就離開吧……可是藍男從沒想過那麼遠。

十三歲的她，依然覺得，只要有祖哥哥在、信一在、小白在，城寨就是她的歸宿。她對外面的世界，目前為止，並沒有憧憬。

「嗯。」信一對最疼愛的堂妹，不是沒有歉意的。但她有祖哥哥在看顧，他不用擔心。

「你跟祖哥哥說了沒有？」

信一低首，擰擰頭。

「祖哥哥最疼我倆，你不能不說一句就走，他會很心痛的。」

「他會嗎？」

「怎麼不會？你認為祖哥哥是我倆的仇人嗎？」

「其實，你有沒有惱過他……不幫大伯報仇？」

怎麼扯到爸爸的份上？

「爸爸死了，你覺得他不傷心？」

藍男別過臉，嘴唇微微顫抖。她沒等到信一回話，輕輕哀傷地道：「他傷心的程度，一定不會比我們輕。」提起亡父，她內心翻騰。

「那他為什麼不報仇？」

「祖哥哥一定有他的原因。」藍男不為所動：「祖哥哥是怎樣的人，我不敢說完全看透，但他決定的事，一定有他的理由。」

女孩，好像永遠比男孩子更早熟。

「有時候我真不懂你想什麼，祖哥哥待我們百般好，你卻總是耍性子、一直在生氣。你要不要連我也一併不理睬？討厭鬼！」

「既然我那麼討厭，走了更好啦。」

「你要走，不用找藉口，我也不會再留你，但你一定要跟祖哥哥交代。」藍男叉腰，嗔道：「還有，你一定忘了明天就是祖哥哥生日，你要走，是不是該等到明天之後？」

原來早在知不覺間，藍男已變得比自己想像中更成熟、更倔強。

「不等了，我不想令他生日怒氣沖沖。」

「你今晚走，一樣會氣死他。」

「起碼我看不到。」

「自私鬼！」藍男一腳踢在信一的小腿上。

「好痛呀！」

「就是要你痛！你這肉體的痛，不及祖哥哥白養你這個忤逆子的心痛！」

信一在雪雪呼痛之餘，從口袋中拿出一封信，遞給藍男。

「我真不想當面跟他說，你幫我交給他吧。」

藍男不情不願接過信。

「祖哥哥每晚飯後都會喝啤酒，以後你陪他喝吧。」

「我只得十三歲，他怎肯讓我陪他喝酒？」

「我買了一箱綠寶汽水給你，他喝酒你喝綠寶啦。」

信一蹲下，摸摸小白的頭：「小白，你要乖，聽藍男的話，知不知道？」

「汪！」小白神氣回應。

「藍男，你回去吧，記得好好照顧自己。」

「你不用擔心我，在九龍城沒有人敢惹我。」藍男揮拳打了信一手臂和心口幾下：「你才要好好照顧自己。」

「知道了，走吧！」信一輕輕推走藍男：「回家啦。」

藍男拉著小白，走了幾步，又不捨得，不斷回頭，看了信一幾次。

「走啦！」信一揚手。

晚上，龍捲風備好了三人份的飯餸，其中一份留起給信一。

龍捲風把幾味小菜拿到餐桌上，叫藍男洗手食飯。

藍男看見廚房留起的餸菜，皺著眉頭，心裡用粗話罵起她的堂哥千百遍。

「吃飯。」龍捲風坐在藍男對面，拿起筷子，準備吃飯。

「祖哥哥。」藍男欲言又止：「以後不用留飯菜給信信了。」

「他搬走了？」

「嗯。」

「他有跟你道別嗎？」

「有，黃昏時我在公園見過他。」藍男把信遞給龍捲風：「他叫我交給你的。」

龍捲風接過信，淡然地放入褲袋。

「吃飯啦。」

「祖哥哥，你會不會惱他？」

「這是他自己的選擇，我為何要惱他？」

「你不覺得他應該留下來嗎？」

「你堂哥長大了，他既已有外闖的心，就算今日留住他，始終有一天也會走。」

龍捲風的情緒慣常深藏不露：「所以，讓他飛吧。」

其實藍男早已過了撒嬌的年紀，但這刻她站起來，故意裝個可愛的大笑臉，緊緊從背後抱住她的祖哥哥，說出最嘴甜，但卻是真心的話：

「我不會走，我會一直留下來；直至有天我出嫁，你要牽著我的手進場；那個人，一定要你好喜歡好喜歡才行，他也要住進來城寨……」

她早就當他是爸爸、Daddy、父親大人、老豆般的存在……但無論是哪一個稱謂，她都不好意思當面說出口。

的確，信一的心已飛到尖沙咀，不讓他闖一闖，始終不甘。

信一的人生故事即將踏上了新的章節，他坐在巴士上，穿過熟悉的街道，窗外往後退的一切的景物，彷彿也將變成過去式。

等待著他的，是一段無可預知的旅程，他憧憬著全新的故事、全新的風景。

信一的人生，首次真真正正擺脫護蔭，以自己雙腳踏出新一片天地。

他對自己說，這趟旅程的結果縱然焦頭爛額，也要心甘情願；因為無論怎樣，這也是自己的選擇，最重要是，這條路上，並沒有龍捲風的身影。

晚風從車窗掠過信一的臉，似在道別，又似想留住少年。

可這個對新事物充滿期盼的少年，早已想飛。留在此處，不會進步，趁年輕，就要任性地出走一趟，再不往前，就會被這座城困死。

為了找人生不同形狀，迎著順風也好，逆風也罷，總得放手去擁抱一趟。

巴士拐彎離開九龍城，進入太子道，風景如回憶片段往後掠過，叫信一把那巨大的影子甩在腦後，往昔的時光，都定格在此。

信一終於走出成長的地方，心裡道別：我要走出你的世界了，再見。

晚飯後，龍捲風躺在沙發，就算儘量裝作沒事，藍男也看得出他帶點失落。醒目的藍男，立即繼續討好模式全開，一心一意想令祖哥哥重拾歡顏。

「祖哥哥，你喝啤酒嗎？我陪你喝好不好？」

「你想喝啤酒？」

「我喝汽水，你喝酒。」

「好。」龍捲風笑笑，摸了摸藍男的頭：「藍男真窩心。」

龍捲風打開雪櫃，發覺裡面的啤酒及汽水排得很整齊，還記得昨晚明明只剩下兩支，今天卻添了幾支新的。

「藍男，你買了新的啤酒嗎？」

「沒啊。」

龍捲風想了想，把兩支啤酒拿出來，發現有個紙盒在啤酒後面。

龍捲風再拿出幾支啤酒，然後將那個紙盒捧在手上。

「什麼來的？」藍男一喜。

龍捲風當然知道裡面是什麼。

他慢慢打開，裡面是個雜果蛋糕。

「嘩，是你最愛的雜果忌廉蛋糕呀！」藍男大喜。

「不是你買的嗎？」龍捲風問。

藍男擰擰頭。

龍捲風望著蛋糕，心裡想著一個人。

「是信信買的！他記得你生日啊！」藍男拍拍手。

龍捲風從廚房拿出餐刀，準備切蛋糕。

「祖哥哥，等等！」

餐刀停在蛋糕前方。

「你未許願啊。」

「不用了。」

「一定要許的！」

龍捲風笑笑，合起雙眼，許了個願。然後把蛋糕切開幾份，一份給藍男，一份給自己。

藍男因為信一記得祖哥哥生日而感到欣喜。

他們的關係，應該也不至於無法修補。

只是，信一的彆扭硬性子，跟不懂聊輕鬆話題的高冷祖哥哥其實太相似了，才會弄到這般田地。

待藍男睡了，龍捲風才換上睡衣，走進自己的房間，躺在床上，拿出信一給他那封信。

信的內容，非常簡單。

祖哥哥：

抱歉未能當面跟你道別，希望你別惱我。

一直以來，謝謝你的照顧，但我總不能一直在你庇蔭下長大，所以我要往外闖了，別擔心，我會照顧自己，更會幹一番作為。

最後祝你生日快樂。

龍捲風把信放在胸前，合起眼，腦海憶起跟小信一多年前的往事。當年那個就算被罰企也要黏著自己的小伙子，轉眼已經長大。雖然在他的心目中，信一還是跟當日沒兩樣，依然的倔強、依然愛逞強。

龍捲風雖然知道信一還不夠成熟，亦猜到他在外面一定會遇到煩惱，但這亦是人生必經階段，他也該學會如何面對困境，也要適應告別了輕風吹拂的靜好歲月。

這幾年，龍捲風跟信一雖同住一室卻漸疏離，他當然也曾想過有跟信一分別的一天，只是沒想過那麼突然。

突如其來的若有所失，一代神人心裡居然泛起一陣悽然與孤寂。

當然比不上妻子離去時的悲慟、好兄弟鬩牆決裂的痛苦，但還是對他有一定衝擊。

不論怎樣，他知道信一已經離開了，偏離了有他在的軌道。

信仔，祖哥哥永遠也是你的後盾，好好保重。

總有一天，他們定會再續未了的緣份。

今生今世，他們的羈絆可不止這樣啊！

同一天空下的信一，已來到了新的地方。

躺在新床上，睡不著，他想起藍男、想起祖哥哥。

藍男、祖哥哥，你倆永遠都是我最重要的親人，好好保重。

1.5 首戰

信一踏足尖沙咀已一個月，每晚跟著鳳仙哥和幾位兄弟去不同的夜場劈酒豪飲，過上成人世界的夜生活，差不多天亮才倒頭大睡，至日上三竿酒醒起床。

鳳仙哥老是說，他真是打從心底裡太高興了，信一的加盟於他而言是天大的禮物，值得晚晚不醉無歸，歡慶到底。

眼前的一切糜爛誘人，掩飾了即將來臨的暴風雨。

這段日子，阿鬼除了有幾晚返回九龍城老家，大部分時間也跟著信一，待在尖沙咀某唐樓單位。

單位內有數張碌架床，都住了鳳仙哥的人。

這天又是日過中天，信一從碌架床上層跳下來，並叫醒睡在下層的阿鬼。

「阿鬼，起身啦。」

其餘同屋漢子亦陸續醒來。

一群人梳洗過後，吃點東西，就開著電視無所事事，等待晚上再被鳳仙哥召出去。

信一在想，難道黑幫日常就是如此？他自然知道天下間沒有免費的午餐，鳳仙哥養兵千日，大概之後會有工作給他們吧，但不知道這樣投閒置散的日子，還有多久。

想著想著，信一發現了一個問題：到底自己，是不是「架勢堂」的成員？

他知道但凡要加入一個幫會，都必須要向老大繳交入門利是，但至今信一還沒有正式向鳳仙做任何入會儀式。

就在此時，鳳仙哥跟另一同門開門進來，拍拍手，叫大家聚集中一起，宣布要事。

「各位兄弟，剛剛我跟阿木與『大龍堂』的人講數，兩方談不攏；今晚十二點開戰——勝者為王！」鳳仙哥拍拍身旁非常高大的阿木：「今晚阿木帶隊，我負責做後援。」

阿木人如其名，木無表情。

「信一、阿鬼，今晚你們一起落場。」鳳仙哥：「有什麼狀況阿木也會先照顧你倆。」

阿木冷冷的望著二人。

信一意識到，今晚之戰，跟他以往在九龍城打的拳腳交並不一樣。

「阿木，把東西拿出來。」

冷漠的木頭人阿木，走進廚房，不一會就從裡面把一個竹籮拖出來，放在眾人中間。

信一與阿鬼一看，心頭震了一下。

竹籮裡面，全都是打磨過的利刃。

「你倆第一次落場，選一把合心水的。」鳳仙哥望著信一、阿鬼：「它們是你們今晚的戰友，慢慢選、好好選。」

信一望著裡面的鋼刀，愣了下來，居然不敢伸手觸及。

旁邊的阿木見狀，隨意拿起一把，遞給信一。

「這把好。」阿木發出毫沒語調的聲音。

信一呆了一秒，阿木用眼神示意他接刀，信一才緩緩接過。

手上的刀，約長一呎八吋，是柄牛肉刀。

望著冷洌的刀鋒，信一幻想刀刃砍入皮膚、骨肉的觸感，竟然生出一陣寒意。

信一雖然打鬥過很多場，但從未試過拿刀；打架跟劈友，是兩回事。他知道在江湖混，早晚也要拿上刀刃，在戰場跟對手互砍，也預示過這些血花四濺的厮殺場面，從沒想過自己居然會怯。

當他真真正正拿起刀刃，而且知道今晚就要踏上戰場，才驚覺自己並非想像中膽大。

鳳仙哥叫了信一、阿鬼和阿木三人入房。

「信一，這是你倆的第一戰。」鳳仙哥：「緊張嗎？」

「有一點。」阿鬼有些怯生生。

「信一呢？」鳳仙哥望著信一。

「我有打架經驗，可以的。」信一強裝淡然。

「拿傢伙互砍跟拳腳交是兩回事，劈友沒有課堂，你倆只能從實戰中學習。」

鳳仙哥指著自己手臂的刀疤：「這就是學費。」

「鳳仙哥，我倆沒拿刀經驗……就這樣上戰場，會不會……很危險？」阿鬼囁嚅。

「當然危險！但凡做大事，都會有危險！你怕，可以立即回家，我不會勉強你，江湖的路不合你，以後就別再出來混了。」

信一踏出尖沙咀，都只想擺脱龍捲風，靠自己闖出名堂，他會甘心就這樣回去嗎？

「我會去。」信一堅定地説：「阿鬼，如果你不想去，不用跟來。」

「你去，我一定去。」

阿鬼內心肯定是怯的，完全是因為自己才跟著去，信一真心感激這位兄弟。

「鳳仙哥，我跟阿鬼始終未出席過這種大型械鬥，應該有什麼需要注意？」

「老實説，現場太多變數，我也説不準要注意什麼，不過有阿木帶著你倆，一定不會有事的。」鳳仙把事情説得簡單：「此戰之後，我會向我老大關公請示，正式安排你倆成為『架勢堂』成員。」

信一沒聽過關公這號人物，但直覺告訴他，此人應該是一個大人物。

這一晚時間過得特別慢，信一跟阿鬼出發前在單位內待了兩小時，感覺相當漫長。

信一雖然內心著實緊張，表面看來，卻是平靜。阿鬼就不同了，他的緊繃全寫在臉上，看著電視，雙目卻沒有焦點。

「阿鬼，不用擔心，有什麼狀況我會先保住你。」

「嗯。」

過了一會，鳳仙走到阿鬼身前，拿出幾張鈔票著他去買點外賣回來。

阿鬼把晚餐帶回來，十幾個大男人聚在一起，在出戰前填飽五臟廟。

飯後大家都沒說什麼，有人在看電視、有人磨刀、有人大便。上戰場之前，大家都好像稀疏平常，沒流露出什麼情緒，並不覺得氣氛特別緊張……

除了信一及阿鬼。

其他人全部都已有械鬥的實戰經驗，阿鬼無法像其他人一樣裝作若無其事，坐在沙發，手早已不斷在抖。

信一按著阿鬼的手，耳語：「待會遇到有什麼不妥，不用理我，自己走，知不知道？」

阿鬼點頭。

此時，大廳的電話響起，鳳仙哥接聽電話，簡單應了一句便掛了線。

「出發。」鳳仙哥發號施令。

聽到鳳仙哥道出「出發」二字，信一拍拍阿鬼肩膀，隨著大隊踏上人生第一次大戰之旅。

二人走到地面，被安排跟阿木上了一架七人座小型貨車。

車輛從尖沙咀行駛，信一望著窗外風景，儘量令身心保持平靜。他雖然未曾參與過這種大型械鬥，但經歷過無數街頭毆鬥的他知道，每次落場都必須保持頭腦清醒與冷靜，一旦亂了心神，定會影響判斷，大大影響戰果。

坐了一小時車程，仍然未到目的地，窗外的風景變得陌生，信一甚至不太確定自己身在哪裡，只知道應該在偏遠的新界地區。

車子終於停下，信一跟阿鬼下車。

眼前是個佈滿廢鐵的廢車場。

這裡，就是今日的戰場。

若干年後，阿鬼將會重臨這個廢車場，在那個時空裡，他會參與另一場戰鬥。

從這裡開始，在這裡終結。

多麼駭人的命運。

只是不同於今天，那一戰信一並沒有跟他走在一起。

信一跟隨阿木，步入廢車場，對面站了十幾個手持刀刃的大漢。

阿木踏前，走到中央。

對方亦有一代表步上，跟阿木對峙。

「今日沒有任何規則，打輸的一方就要交出砵蘭街的地盤！」

「戇輝，你好多廢話！」阿木揮刀：「打！」

阿木一刀橫劈，戇輝沒料到他突如其來就動手，立時抽刀擋架。

兩位頭目開打，小弟們隨即振臂大吼，向對方衝殺過去。

「阿鬼，自己小心！」

信一橫刀於胸前，擺出備戰架勢，他以為參戰時會相當緊張，但當身在戰場當中，居然奇異地可以保持冷靜，畢竟是黑道巨人帶大的孩子，又豈會窩囊怕死。

兩方各有十多名人馬，各人已加入混戰之中，頃刻之間已經血花四濺，慘叫連連。

阿鬼沒信一那麼淡定，已嚇得雙手發抖。

信一感到一股殺氣湧向自己，只見不遠處正有一大漢拿著大刀衝殺過來。

「鬼，站在我身後！」

一道刀光向信一那直劈而下，刀雖急，但信一反應不慢，舉刀就已截停了來襲。

大漢以為很輕易就拿下這少年，不料卻被他擋下，又怒又羞，下一擊就加重力度。

「毛都未出齊，就學人出來劈友？今日你死定了！」

吐出了一句極度老土對白之後，大漢的刀又再劈向信一，勢道比之前更烈更猛，一心可以了結信一。

刀光直噬，就連信一身後的阿鬼也感到那股氣勢與逼力，合起眼，不敢看下去。

「噹」的一聲，錯愕的表情出現在大漢臉上，第二刀竟然又被擋下。

大漢深深不忿，一口氣揮出三刀，雖有力度，但角度相當直接易看穿，被信一全數擋截。

雖說大漢的刀沒什麼章法可言，可仍有一定的威力，一口氣連擋三刀，信一握刀的手已感微痛。

「吼！殺了你！」

大漢大吼的同時，另一人亦衝過來加入戰圈。

擋了大漢一刀，又要應付另一人的來襲，信一力保不失，卻見再有三四人向自己撲殺過來。

「怎會這樣的？難道阿木他們已被對方殺敗？」

信一還理不出頭緒，卻見身後的阿鬼驚惶失措，有人趁機而入，向阿鬼出刀。

阿鬼連提刀招架的勇氣也拿不出來，眼見要被刀刃砍個皮開肉裂之時，信一及時橫刀替他截住對方的刀勢，但代價是左臂被其他人劃了道口子。

信一忍痛，劃破空氣，橫劈一刀，跟敵方拉開一點距離，用了半秒時間來看了大環境，發現我方人馬有兩三個已倒下，阿木與其他人卻已不見蹤影。

即是說，「架勢堂」一方只餘下自己及阿鬼還沒倒下，難怪成了眾人目標。

「阿鬼，走！」

阿鬼留在這裡只會成為負擔，所以信一作了個果斷的決定。

至於阿鬼，他明知留在此處會為信一造成不便，但下意識卻覺得就這樣走了很沒義氣，正不知如何是好，信一便從後一腳踢往他的小腹。

「走！再不走你會害死我！」

「信一哥，你自己小心！」

逃避可恥但有用，阿鬼終於也逃跑了，此時攻擊信一的人愈來愈多，但他應變之快，出乎意料，憑一把刀就可以擋開幾個人的攻擊。

但只守不攻，最終沒可能全身而退。

信一正不知如何延續這一戰，又有另一人從旁邊出刀，此刀暴烈非常，信一終於抵擋不了，刀脫手飛出。

沒刀在手，信一反應再快也無用處，早晚會死在亂刀之下。

所以他再次果斷決定，轉身就跑！

「劈死他！」

身後那班人如同喪屍般追殺自己，信一知道腳步一旦慢下，就會被他們砍個稀巴爛，此刻的他就只能咬緊牙關，沒頭沒腦的在黑夜中發足狂奔。

突然「嚓」的一聲，信一感後面一陣涼意，然後傳來一陣痛感，雖然看不到，但他知道背部已中了一刀。

這處境之下他到底還可以走多遠？體力不斷消耗，加上背門的傷口在流血，今晚可會魂斷於此？

頭頂上的月色皎潔，出奇明亮。揮灑著血水、用盡氣力末路狂奔的少年，還有命看到第二天的太陽升起嗎？

「小鬼，你死定了！」

信一步伐慢下，大漢即一躍而起，迎頭向他的後腦砍下。

這一刀的衝勢，真會把信一的頭殼劈開兩半！

可大漢的刀還未劈中，他整個身體便給一股衝力猛撞，令他離地後飛，更撞跌了幾個同門。

大漢的慘叫，引起了信一的好奇，回頭看見一個巨人身影，手執一把開山刀擋在眾人面前，二話不說，就向那班人狂砍。

信一認得，那是這幾年幫助龍捲風打理幫會事務的得力門生——阿潮！

阿潮散發出來的強悍氣勢，連走遠的信一也感受得到。

接下來是一陣被屠宰的慘叫聲。

雖然他不知道阿潮為何而來，但起碼知道自己可以脫險。

他沒有停下，在雜草堆狂跑，希望能找到阿鬼的身形，可沿路也找不著。

穿過草堆，外面是條馬路，信一往前跑，卻見前方有一輛私家車向他閃燈。

車子停在信一身旁，司機原來是鳳仙。

「信一，上車！」

幾近力竭的信一，加上背部受傷，意識已經迷糊，走上車廂便昏死過去。

當信一醒來之時，等待著他的，是一場驚怖惡夢！

1.6 忌廉哥

信一醒來，背門及手臂的刀傷傳來劇痛，受傷處只被簡單包紮住，一動便感到傷口因拉扯而滲血。

環顧四週，原來已回到了尖沙咀唐樓住所。他瞧見十幾個同門在吞雲吐霧，卻不見阿鬼。

「阿鬼？阿鬼呢？」

躺在沙發上的阿木見信一醒來，吐出煙圈，眼神毫無情感，似個科學怪人。

信一跟他眼神接觸，立即感覺不對勁，現場沒人出聲，大家都似在等待什麼，氣氛怪異。

「你醒啦。」

鳳仙從廚房步出，手中拿著一條油炸鬼。

「你睡得太香甜，所以我沒叫醒你。」鳳仙笑裡藏刀：「你應該餓了，來，先吃點東西。」

鳳仙坐在餐桌前，輕輕拍了拍桌面，示意信一過去。

信一苦撐殘軀，坐到鳳仙對面，對方把一碗粥推到他面前。

「還熱的，吃吧。」

阿鬼下落未明，剛才一戰「架勢堂」的人明明消失不見，顯然敗走；但見現在他們又好像沒發生過任何事一樣，信一瞬間整個人清醒過來，寒毛直豎，知道整件事極不妥當。

「阿鬼呢？」

「我沒見過他。」咬了一口油炸鬼的鳳仙說：「為什麼不吃？」

「我不吃了。」信一沒心情，他只想知道阿鬼下落。

「不吃白不吃。」鳳仙哥把那碗粥拿回面前：「我吃了。」

信一沒再追問，因為他知道，即將有事情要發生。

直覺告訴他，要離開了。

除了鳳仙，屋內還有十幾名漢子，信一再機靈也肯定敵不過他們。

如果鳳仙存心留住自己，找什麼藉口也脫不了身，所以他選擇直接離開。

「我要去找阿鬼，明天再回來。」

正想動身，身後閃出兩個漢子按著信一肩膀。受了傷的信一，掙扎不了。

「你是聰明人，應該知道跑不掉啦。」鳳仙吃了口粥。

「今晚，你本來就想推我去死？」信一自知逃不掉，起碼要問個明白。

「都説你聰明！」鳳仙把粥吃光，向信一豎起拇指：「我就是想推你去死，想不到你有點運，這樣也死不去。」

「我曾經跟你的人有過節？」

「過節是有的。」鳳仙指著自己手臂跟臉上的刀疤：「這些，都關你事。」

阿木把一把牛肉刀放到鳳仙面前。

「你一定很想知原因，對嗎？」鳳仙拿起牛肉刀：「求我吧，我可以説給你聽。」

他當然想知道原因，但要他低聲下氣，是沒可能的事。

信一不發一言，只冷冷的盯著鳳仙。

「你就是如此硬性子。」鳳仙獰笑：「好啦，反正你也過不了今晚，我告訴你吧。聽好了——」

接下來的一句話，叫信一無比震撼。

「藍森，是我殺的。」

此話如一口棺材釘狠狠打進信一心坎，叫他的心臟劇痛了一下，但他仍然保持著冷靜，等待殘酷真相揭開。

「當日我殺了他，進了監獄被雷樂的人打個死去活來，在我俊俏的臉上劃了道巨大傷痕。」鳳仙邊説邊摸著臉上的疤痕：「足足忍受了一年地獄生活……不過惡人自有惡人磨，雷樂被老廉弄得自身難保，自己也要著草；我啊，好人有好報，後來被改判誤殺，坐了幾年就放了出來！」

一九七四年，廉政公署成立，雷厲風行打擊貪腐人物，雷樂這頭大老虎首當其衝，成了主要打擊目標，一代巨人終鬥不過時代的大氣候，敗走台灣。

至於鳳仙，就是當日的細鳳。幾年牢獄，他樣子和身型都跟以前大大不同，並且改了綽號，投身「架勢堂」關公門下。除了好事之外，什麼也敢做，夠恨夠惡，沒多久就成為尖沙咀的小頭目。

雖然鳳仙覺得自己俊俏，但就算有沒有這道疤痕，信一只覺眼前此人異常嘔心。

由一開始就是一個局，信一痛恨自己的愚笨，沒好好帶眼識人。

「我之所以活得如此痛苦，全因為雷樂與你的奶嘴龍捲風。老廉收了雷樂，不用我出手；至於龍捲風，我是打不過他，殺了你，他應該很心痛。」鳳仙：「不過你倒夠運，今晚竟然逃得出來。」

信一想通來龍去脈：如果自己今晚死在「大龍堂」那班人手上，龍捲風一定不會放過他們，鳳仙就可借他之手，剷除異己。

「你應該清楚自己處境，也該知道，你不死，戲就唱不下去。」鳳仙亮刀：「剛才叫你吃多一點，是我好心，想你做隻飽鬼，但你不領情……」

鳳仙話語未畢，便感胸口一痛，連人帶凳，仰後翻倒，後腦著地，刀也飛脫。

原來信一率先出手，兩肩被制，他便提起雙膝，把全身力度都聚在腳底，猛力蹬向桌邊，餐桌就如木刀橫劈壓鳳仙胸口，殺他一個措手不及，把他重重擊倒。

猛烈衝力同時把身旁二人甩開，信一自己亦摔在地上。與此同時，鳳仙只感後腦劇痛，一陣暈眩，正想拾回那柄牛肉刀，卻見信一已在站在面前。

他的手，還拿著那把掉了的刀。

「你別亂來！」

信一知道這是唯一復仇的機會，想也不想就一刀刺入鳳仙的腹部。

刀鋒入體，那觸感傳到手上，叫信一心頭一寒，還未刺到底就停住了去勢。

「好痛呀！」

只要再刺深一點，就可以把他穿腸破肚，把那賤人了斷，可信一的手卻冷卻似的，凝在此處。

鳳仙的生死握在信一手上，全場人呆住，正不知如何是好，單位大門突然打開，兩個大男人步入。

二人都相當高大，超過六呎，一個臉大口大，碩大無朋，異常兇悍，生得很粗獷。另一個看起來比較斯文，髮型整理得很乾淨，一身長褸，看得出打扮講究，手執一枝汽水，一臉悠然自得。

「關公哥！忌廉哥！」

「發生什麼事？」

一出聲就如雷動的關公，看見鳳仙中刀，瞪大雙眼，怒視信一。

「關公哥救我！這小子就是信一！」痛得面容扭曲的鳳仙，竟能清楚地發出求救訊號。

關公步向信一之處，怒道：「放手！」

一旦放手，信一就知自己死定了。

可那個兇神惡殺的關公卻不理鳳仙的死活，一步一步走向信一。

信一知道這樣膠著也不是法子，下不了殺手，所以他便把刀從鳳仙身體抽出來。

刀鋒再次割破皮肉，鳳仙又再發出一陣殺豬般慘叫。

一雙怒目的關公盯著自己，甚具壓迫力，叫信一的心臟猛跳。

再走多幾步，對方便埋身了，到時就一定更難反擊，所以信一就動手了！

關公沒料到眼前的少年居然還敢反抗，更沒料到他身手如此敏捷，一眨眼就已撲到身前，銀光直刺入腰間。

直刺之勢卻被一手截住，信一愕然，抬頭一看，那個叫忌廉哥的男人已緊扣著自己的手腕。

反手一扭，刀便脱下。

眼見刀尖距離身體不到一公分，關公的怒火如溶岩噴射爆發，一巴掌打在信一臉上。

這一巴的力度巨大，中擊的信一只感頭昏腦脹，耳朵一陣嗡嗡作響，後退了兩步，未及回神，關公又一拳直轟向他的面門！

信一可感覺到，鼻骨已被打碎，血水從兩孔噴灑出來。

信一的眼神非但沒退縮受驚，而且變得更加厲烈。

含著口血噴向關公！

「你食屎啦！」

關公被噴得一臉血，怒得滿臉紅筋暴現。

「你找死！」

關公一手捏住信一的喉嚨，另一手已握拳再起。

一連在信一面門打了三拳，才把信一打昏。

「別打了，再打就打死他。」忌廉哥。

關公放開手，信一便軟趴趴的，背脊朝天，暈倒地上。

忌廉哥看著倒地的信一，一臉淡然的喝了口汽水。

「忌廉，戲照唱，殺了這小子，嫁禍給『大龍堂』吧！」關公依然怒火中燒。

「不能了，該有人知道他從戰場逃了出來。」忌廉哥冷靜地說。

「那怎麼辦？」

忌廉沒回答，合起雙目思考。

良久，打開眼睛，似想到了什麼。

「你想到辦法了？」

「嗯。」

「說出來聽聽。」關公一喜。

這時候，鳳仙又再發出哀嚎呻吟。

「關公哥，好痛，快幫我叫白車。」

按著傷口的鳳仙，鮮血從指縫溢出。

忌廉哥望著慘痛的鳳仙，卻無動於衷，室內靜止了幾秒，被一通電話響聲劃破。

忌廉哥拿起電話筒：「喂。」

電話的彼端，有一把焦急的聲音：「忌廉，你是不是抓了龍捲風的人？」

忌廉哥用眼神及動作向關公示意，叫他捂住鳳仙的嘴巴。

「Tiger 哥，你是說信一嗎？」忌廉哥不動聲息地回應：「他跟了鳳仙，加入了我們『架勢堂』呀。」

來電者，正是「架勢堂」的龍頭——Tiger 哥。

「誰是鳳仙？不管了，剛剛龍捲風致電給我，叫我交人。」Tiger 哥：「他現在在你那邊，對不對？」

「沒錯他在我這裡。」忌廉哥：「但我不可以放他。」

「搞什麼呀？」

「他以下犯上，殺了自己的老大鳳仙，他是關公最得力的門生，若不是我出手壓制，信一早就給關公活生生打死。」

「我不管那麼多，總之給我放人。」

「Tiger 哥，這樣嘛，他殺了我們的人，龍捲風一句話就要我放人，怎說得通？」

「你該知道我跟龍捲風有交情，你不放人，我如何跟他交代？」

「如果我放人，你更難向『架勢堂』的兄弟交代啊。」忌廉哥用很理性的語氣說：「他們會覺得為了討好龍捲風，連自己兄弟的生死也不管。以後還會有人睇你台戲嗎？Tiger 哥，放信一事小，損了你的名聲受事大啊。」

忌廉哥所言正確，作為一幫領導，每句說話，每個決定影響著整間公司，如果信一殺了自己人而無條件把他放走，真的沒法跟門生交代。

不放嗎，那就等同向「龍城幫」宣戰，那是一件他極度不想發生的事情。

「老頂，放心，我不會讓你難做，人我可以放，但一定要想出兩全其美的方法。」忌廉哥胸有成竹：「你幫我約龍捲風出來，我跟他好好的談吧。」

「忌廉，你想什麼我很清楚，但我實實在在跟你說，龍捲風這個人，你惹不起。」

「我不是去惹他，而是跟他說道理。信一殺了自己的老大，按規矩，我和關公可以執行家法，打死他也是合情合理，現在我留住他一命，還約龍捲風擺上枱傾，還不夠讓步嗎？」

「你想跟他怎樣談？」

「我會有分寸的了。」忌廉續道：「為免你尷尬，這會面你最好不要在場，我和關公會搞定。」

Tiger 哥正思考忌廉的提議，沒即時回話。

「Tiger 哥，我做事你還信不過我？」

「我幫你約他，總之到時，你的要求別太過分。」

「我知怎麼做了。」

掛了線，關公就放開捂住鳳仙嘴巴的手。

「叫白車……」鳳仙。

「怎麼啦？」

「Tiger 哥會幫我們約龍捲風面見。」

「你想嫁禍這小子殺了我們的人？」

「前計不成，也總要想另一條路吧。」

「但鳳仙沒被他刺死。」

忌廉放低汽水樽，拿起地上的牛肉刀，走到鳳仙面前。

「忌廉哥……」

忌廉哥一動手就捅了鳳仙兩刀。

鳳仙呼叫也來不及，就已斷氣。

「這樣不就死了嗎？」忌廉哥望著關公，一臉輕鬆。

關公先感一愕，然後咧嘴一笑。

「忌廉，還是你有辦法。」

忌廉哥聳聳肩。

關公從眾門生中找出阿木：「阿木，以後你直接跟我。」

「多謝關公哥。」阿木還是一臉木然。

阿木望向信一，發現他再度轉醒，一手撐起身子，迷迷糊糊的打開眼簾，盯著關公。

「這臭小子眼神真討厭！」關公見他醒過來，又再想動手。

關公走到信一之處，一屁股重重坐到他的屁股之上。逾二百磅的龐物大物，令信一動彈不得。

「誰准你起身！」

關公撕破了信一滲滿血水的外衣，露出背門刀傷。

「你想怎樣？別亂來！」信一大驚。

「你以為我關公哥是什麼人？我不搞男人的！」關公拍了拍信一的後腦，望著他的刀傷：「你們怎麼搞的，見不到人家的傷口不斷流血嗎？為什麼沒有人幫他好好止血？」

忌廉哥已經知道接下來關公要幹什麼。

「關公，止完血就算，不要玩死他。」

「行啦行啦！」關公吼道：「阿木，拿消毒酒精和釘槍來！」

信一意會到，接下來發生在自己身上的事，將會叫他痛不欲生！

信一掙扎想脱身，頭部卻被關公壓在地上。

阿木把消毒酒精遞給關公。

關公一手接過，然後用口咬開樽蓋。

「做手術，一定要衛生，不然傷口就會發炎！」

關公想也不想，便把酒精倒在信一的傷口上。

信一痛徹心肺，卻仍咬著下唇強忍。

「很能忍喔，好一個『忍者』！嘿嘿嘿，主菜來了！看你能忍多久！」關公向阿木伸手：「給我手術用具。」

關公從阿木手上接過釘槍，就向著信一的傷口下釘！

「咔嚓」一聲，一口釘就落在信一背部，刀傷的頂端，把裂開的口子連上。

信一痛得淚水不受控狂飆。

「咔嚓！」

第二釘，信一終於忍不住叫了出來。

「吔——」

「對啊對啊，有反應才像樣！」關公狂笑不已。

「關公哥，可以給我試試嗎？」

「當然可以啦！」

阿木接力，在信一身上連打四釘，信一這一下痛得昏厥，下一秒又旋即痛得醒來。

在這樣的痛楚輪迴和脅逼期間，信一最有印象的，竟是眼尾餘光瞥見阿木臉上首次出現笑容。

自己居然落在這種人手上，成為任其擺佈的玩具，是何等天大屈辱的事。

忌廉哥一直在看，等待信一求救，他就會阻止二人，但這少年似乎比他想像還要倔強，竟也好奇起來，想看信一到底可以撐多久。

為惡易而善難，忌廉哥此刻不知道，這個動念，將會改寫他往後十年的江湖路。

兩個死變態，足足在信一身上打了八釘，才肯收手。

信一蜷縮著身體，痛得全身在抖，淒慘可憐。

他的心在想：總有一天，施加在我身上的痛苦，都會悉數還給你們！

一輪折磨過後，大廳又回復安靜，電話剛好在此時響起。

「喂。」

「忌廉，現在就去龍鳳茶樓！龍捲風在那裡等你。」電話另一端的 Tiger 哥說。

「OK。」

說完，忌廉哥掛線。

「全部人跟著我，現在就去會會龍捲風。」

1.7 霸道

忌廉哥坐在積架房車的副駕駛座，前往龍鳳茶樓的路上。

「忌廉，待會打算怎樣跟龍捲風談？」駕著車的關公問。

「很難說，我猜不透龍捲風此刻的心態。」

「你心裡一定有個底，你最想從他手上得到什麼？」

「我會先開口要他兩條街的保安權，等他還價，到時候看情況再決定。」

「如果他還價一條街，你答不答應？」

「最好是這樣。」

「一條命換一條街，會不會便宜了他？不如再拿他一百萬現金，好不好？」

「關公，事情要看遠一點，我們今次目的不是為錢。」

「我們本來就是想借龍捲風打垮甕輝，然後掠奪地盤，不是為錢為什麼？」

「這是之前的計劃，計劃變了，現在就不是單純為錢那麼簡單。」忌廉哥的腦袋絕對比關公靈光得多：「你想想，自從雷震東死了之後，就沒有人敢在龍捲風身上打主意，如果我跟你可以插旗九龍城，就算那只是一條毫無價值的爛街，也足以打破龍捲風的神話了。」

「那我倆豈非在江湖揚名立萬、驚天動地？」

忌廉哥沒回答，腦內劇場起來，想像跟龍捲風會面的情況。

聞說龍捲風作風懷柔，近年來鮮有親自出手，就算「龍城幫」的人跟其他幫會鬧不和，他都叫自己的兄弟出面擺平，並且以和為貴，儘量不要動武。

有說龍捲風已不想再理江湖事，只想平淡地在城寨過生活。

龍捲風是收了火嗎？已經英雄遲暮？

這是很多江湖人的疑問，人人都很想知道答案，卻沒有一人敢作試探。

今天，江山代有人才出，一個名叫忌廉哥的傢伙，做了常人不敢做的事。

——搦戰神人龍捲風！

到達龍鳳茶樓大門，晨光照射大地，天色出現了魚肚白。除積架房車外，尾隨貨車的「架勢堂」人馬亦相繼下車，由忌廉哥領頭，踏上梯級。

走到二樓，是個偌大的茶樓大廳。平常這個時間都坐滿喝茶的茶客，今天每張枱都空空如也。

一個知客走到忌廉哥身前：「龍捲風在房裡等待你們。」

「嗯。」忌廉哥點了頭，然後對身後幾十名門生說：「你們在這裡等，我和關公進去。待會我一叫，你們就衝入來。」

「知道，忌廉哥！」門生同聲道。

忌廉哥望了望身旁的關公：「走吧。」

大廳的盡處，就是那個龍捲風等待著的房間，距離忌廉哥大概二十幾米。

他每向大門走近一步，心跳就漸漸加快。

走到門前，他倆甚至已感到裡面的巨大氣場。

「龍捲風又怎樣？他也只是一個人，凡人就有下滑回塘的一天，高峰期過了，就得在神壇被拉下來。一代梟雄都有殞落時，雷震東、阿JIM、雷樂夠強了吧？最終還是或死或逃。」

站在門前的忌廉哥如是想，就像為自己壯膽。

吸了一口氣，雙手拉開大門，出現在忌廉哥眼前的，是個身穿皮衣的背影。

江湖人有個習慣，出外消遣都會選一個能看見門口或看得清整個環境佈局的位置；把背門賣給對方，是件很危險的事，龍捲風擺出的姿態就是要告訴對方：

我並沒有把你們放在眼內，哪管身後有幾多人，我也可以壓得住！

居然是這樣的一個開局！

「坐吧。」

背向二人的龍捲風，以溫文的語調，淡淡地吐出一句話。

忌廉哥與關公慢慢從龍捲風身旁走過，坐到圓桌的對面。

龍捲風直視二人，吐出一口煙圈，然後把手中的香煙，放在煙灰缸上。

簡單的動作，卻出奇的優雅，帥氣得很。不造作，舉手投足卻有一種懾人魅力。

二人也是首次跟龍捲風會面，關公何曾見過這種場面和人物？他只覺得這個人除了帥，竟沒半點江湖霸氣，並非傳聞之中的強悍。

又或者，他一直待在九龍城煮飯買餸沒理江湖事，早已回了塘，成了那些退休叔父輩。關公如是想。

忌廉哥可不敢這樣想，龍捲風的名頭，是靠雙手打回來的，就算收了火，始終是「龍城幫」的龍頭，但無論如何，今天他手握皇牌，只怕龍捲風亦要忌憚三分。

「龍捲風，幸會了，我叫忌廉，他叫關公。」忌廉哥望著龍捲風說。

「嗯。」龍捲風點了點頭，淡然道：「入正題啦，怎樣才肯放人？」

龍捲風直接了當，不作廢話。

「信一殺了自己的同門老大，他是關公的得力門生，按公司規矩，一命換一命，我們留住他的性命，已給足你面子。」忌廉哥為自己斟茶。

「哦，那你們想怎樣？」

「兩條街。」忌廉哥：「我要九龍城其中兩條街的保安權。」

龍捲風聽了，表情完全沒變，眉也沒揚一下；忌廉在等他還價。

「你說信一殺了自己的老大，但以我所知，他沒有做過任何入門儀式，嚴格來說，他們只是混在一起，並非什麼同門兄弟。」

龍捲風沒有還價，聽口吻，就知他沒有讓步之意。

「算你說得通，但他殺了我們『架勢堂』的人，這筆帳怎樣也要算。」忌廉哥：

「一條街，是我們最後的底線。」

「有沒有證據？」

「你要我把屍體帶到你面前嗎？」

「就算見到屍體，也不代表是信一親手殺的。」

「你這樣說，即是想賴帳啦？」忌廉哥：「那還有什麼好談？」

「好，我就跟你算帳。」龍捲風拿起煙再吸了一口：「人是我叫信一殺的，怎樣？」

忌廉哥知道龍捲風在說謊，龍捲風亦知忌廉哥知道自己說謊，就看這個有點名氣的小子如何接下去。

龍捲風把事情扛上身，這下難倒忌廉哥了。

可忌廉哥轉數算快，竟能立即接上話。

「你龍捲風是德高望重，但就不代表可以無緣無故殺我們的人。」忌廉哥：「傳了出去，對你的聲望也不好。」

「無緣無故？」龍捲風：「你們那個鳳仙，殺了我兄弟藍森，一命填一命，天公地道，你剛才不是這樣說嗎？」

關公跟忌廉哥互望了一眼，似乎他倆都不知道鳳仙有過這樣的過去。

至於龍捲風，他是知道信一跟了「架勢堂」的人，才派人調查鳳仙的底蘊，當他知道鳳仙就是當年那個細鳳之後，沒即時告訴信一，是怕他太過難堪。躊躇該如何處理之際，就發生了昨晚的事。

「龍捲風，你剛才跟我拿證據，那你又有沒有證據，鳳仙就是當年殺你兄弟的人？」

「我的說話，就是證據。現在你只有兩個選擇：一，自動放人，」龍捲風瞪向忌廉哥，呼出一口煙圈：「二，我把你忌廉支旗連根拔起，再向 Tiger 要人。」用波瀾不驚的語氣，說著最霸道橫行的話。囂張無比，兩個選項，根本就不是選項。

再被龍捲風一瞪，忌廉哥剛才僅有的氣勢已蕩然無存，像洩了氣的氣球。

關公一直在旁沒出聲，腦袋卻永遠滯後，至此時竟仍想要暴吼出手。

眼前這儒雅叔父只一個人，而整間酒樓都是「架勢堂」的人，就不信勝不了他！

關公想發難之際，龍捲風再度開口。

「你們可試試動手，不過提醒你們想清楚，能否承擔後果。」忌廉哥知道不放人不行了，也知道不能在龍捲風身上得到任何實質上的利益，年少氣盛的他，還是忍不住吐了句：「原來傳聞是假的，想不到人人敬重的龍捲風，竟如此野蠻，如此不講道理。」

這話有點意思，竟博得龍捲風一粲：「我就是野蠻，就是不講道理。」笑容一閃而逝，龍捲風放下香煙，直視忌廉哥，用眼神告訴對方：要開打，就來吧！

如此肆無忌憚，對方卻連一點辯駁的餘地也沒有。

忌廉哥當然不敢亂來，跟龍捲風對望了幾秒，已作迴避。

「忌廉，這幾年來，你是第一個可以令我出來談判的人，不論結果如何，你已賺了名氣。」龍捲風：「做人，要知進退。」

談判結束，雙方達成了放人協議。沒有人知道閉門過程，只知道忌廉哥能與龍捲風交鋒，已經是個了不起的人物。

半小時之後，忌廉哥與關公返回尖沙咀的唐樓。

「愈想愈不忿！什麼也拿不到就放人！」踏上梯級的關公一拳打在牆上：「其實我們那麼多人，哪用怕一個龍捲風？剛才說不定他只是虛張聲勢！」

「那你為何不動手？」忌廉哥冷冷道。

「我看你的頭嘛！」

「關公，如果我們出手，萬一敗了給他，以後怎樣混下去？」

「但打贏了，我們就天下無敵！」

「那你現在帶隊殺入城寨，打得贏他，何止天下無敵，簡直橫行宇宙。」

關公不語，自知就算給他一支軍隊，也不敢跟龍捲風開戰。

回到單位，只見信一雙手被麻繩反綁，背脊照天，躺在地上，身旁有兩個人看守著他。

信一瞄了二人一眼，關公頓時火上心頭，想拿他的身體發洩，卻被忌廉哥阻止。

「別那麼衝動好不好？」忌廉哥：「打死了他怎麼辦？」

忌廉哥走到信一身旁，用剪刀幫他鬆綁，扶他起來，坐在沙發上。

「待會有人來接你走。」

信一知道忌廉哥已跟龍捲風會面，雙方似乎達成了協議。

信一心知龍捲風疼愛自己，他到底付出了什麼代價，才能令忌廉哥放人？

忌廉哥看著信一疑惑的眼神，大概知道他心裡在想什麼。

「想知道龍捲風用了什麼來換你一命嗎？」忌廉哥坐在信一旁邊：「我告訴你，他什麼也沒給我。」

信一內心雖感到愕然，但仍保持冷靜。

「我開出的條件，他統統都拒絕了。」忌廉哥：「龍捲風真的夠狠，連一條街的保安權也不願拿出來，看來你在他心目中，也非如何重要。殺了你也沒意思，這次算我不夠運。」

禍是自己闖出來的，就算他真的如忌廉哥所語，沒答應任何要求，在理，信一完全明白；在情，感受就不同了。有種酸楚，在信一內心迴蕩。

我在祖哥哥心目中，真的連一條街也不值嗎？

此時大門響起敲門聲，忌廉哥著門生開門。

大門打開，外面來了個身型高大壯碩、皮膚黝黑的男人。

「我來接信一。」

男人步入，跟關公四目交投，兩人身高相若，但目測肌肉還要比關公結實。

男人在關公及忌廉哥之間擦過，走到信一身前，蹲下來。

「潮哥。」信一輕聲道。

他就是昨晚替信一解圍，龍捲風的其中一名得力親信。

這個名叫阿潮的男人，是港泰混血兒，父親是香港人，娶了個過埠泰國新娘，在九龍城開設泰國菜館。

信一剛才還在忖度祖哥哥會否親自前來，一想到那畫面，就已感到無地自容。

來的是阿潮，信一頓時鬆了口氣。

「還走得動嗎？」

「嗯。」信一點頭。

信一把手臂踏在阿潮後肩，由他攙扶著一步一步走向門口。

經過關公身旁，信一死盯著他，像要跟他說：我早晚會找你算帳！

關公怒氣未消，正想動手，忌廉哥卻壓住了他。

因為那個叫阿潮的男人，渾身發散出一股戰鬥的氣息，隨時隨地也處於作戰狀態。

阿潮肌理分明，拳骨起繭，一看就知是個驍勇善戰的拳手。

關公無疑碩大無朋，但要跟職業拳手對戰，非但打不過他，更讓對方有藉口與他們開戰。

忌廉哥認為，要開打也得看清環境形勢，一味衝動行事，不會思考，任你再會打，最後亦只會一敗塗地。

忌廉哥是個能忍能等的人，當時機未到，他就會蟄伏於巢穴，等待出手的一天。

阿潮把信一接走之後，把他帶回自己位於九龍城的家。

然後就立即找了個醫生上門，為信一重新處理傷口。

看見信一背門的皮開肉綻的傷口，阿潮想像到他昨晚所承受的痛楚有多大。

眼前這個少年，阿潮從小看著他長大，親如子侄。

看到他平素秀氣的臉被打得口腫面腫，滿布瘀青，他也非常心痛和生氣。

包紮過後，信一只能背部朝天伏在床上。

「潮哥，謝謝你。」

「傻小子！」阿潮摸摸信一的頭：「傷口還痛不痛？」

「有一點點啦，不過更痛的都撐過去了。」

「信一，別惱你祖哥哥，他不是不想見你，只是怕你尷尬。」

「嗯。」

自己往外闖的事，沒好好跟祖哥哥商量，不但弄至焦頭爛額，而且更被殺伯父的仇人擺了一道，還有什麼面目面對祖哥哥？

龍捲風選擇派阿潮照顧信一，是對他最大的關顧。

「你知不知道，其實你祖哥哥真的對你很好。」阿潮：「不妨告訴你，是老大叫阿鬼陪你往外闖的。」

「昨晚是阿鬼通知你，我們會跟『大龍堂』的人開大片，你才找到我的位置？」

「對啊，我也需要點時間才能查得到你們開戰的地點，幸好及時趕到。」阿潮：「阿鬼也沒事回去了，你別想太多了，吃些止痛藥，好好睡吧。」

真的，經歷了生死，信一只想好好休息一下。

很快，滿身傷痛的信一就沉沉睡著，而且做了幾個夢。

他夢到小時候跟大伯藍森、藍男相處的片段。

那個時候，是信一與藍男最無憂無慮的日子，沒太多煩惱，亦不用為日後的事情擔憂。

然後，又看見祖哥哥與狄秋哥……

最後在他腦海出現的，是那個惡形惡相的關公與忌廉哥！

醒來，已是下午。

畢竟是年輕的身軀，睡了一覺，已從地獄回到人間。

信一撐起身子去廁所梳洗，被自己的臉嚇了一跳，差點想吐。

這副模樣，怎樣見人？

「信一，過來吃點東西。」阿潮喚他。

擺在信一眼前的，是叉燒包與凍奶茶。

那是信一最喜歡的點心與凍飲。

阿潮哪會知道信一的口味？這當然是龍捲風叫他準備的。

「老大叫我問你，你想返回城寨，還是跟我去泰國走一趟？」

「你要回泰國？」吃著叉燒包的信一問。

「對啊，我喜歡住在泰國，這次回去，想苦練泰拳；而且我的女朋友在那邊，她很想我回去陪她。所以這次一去，還不知道會不會再回來。」

「那，『龍城幫』豈非少了你？」

「少了我有什麼所謂，最緊要你在！」

「我……又不是『龍城幫』的人。」

「你早晚都是。」阿潮：「你自己想清楚，到底要選哪條路。」

信一外闖不成，弄成這個模樣返回城寨，朋輩會怎樣看自己？

信一想到的，龍捲風當然也想到，所以他給信一自己選。

電話就在此時響起，阿潮接聽，然後把話筒遞給信一。

「找你的。」

信一心頭一震，怕是祖哥哥打過來。

信一吸了口氣，對話筒說：「喂。」

「信信！你有沒有事呀？」

是藍男，信一的擔心和期待都同時落空。

「我沒事，不用擔心。」

「你在那裡等我，我現在過來看你！」

「不要啊！」信一想起自己整張臉像是毀容般的難看。

「為什麼？」

「我現在樣子很難看。」

「你有好看過嗎？」

「你不是這樣說話吧，我有名你叫『龍城第一帥』。」

「還有心情說廢話，即是沒大礙啦。」

「都說沒事，你不要過來……祖哥哥呢？」

「他去了街市，今晚煲湯啊，你要回來吃飯嗎？」

「不了……待我好一點才回來吧。」

「那我跟他說……總之你沒事就好，不要再跟人打架了！」

「嗯！」

信一掛線後，再照鏡望望自己豬頭般的模樣，眉頭大皺。

「不用擔心啦！一、兩個星期左右就可消腫。」阿潮笑說。

「真的嗎？」

「我出賽打拳，更傷也試過啦。現在雖然看上去很恐怖，但最遲兩、三個禮拜就沒事的了。」

信一這才放心點點頭。

「潮哥，你幾時出發去泰國？」

「後天。」

「那麼快？」

「對啊，如果你不跟我去，明天就自己回城寨。」

「我跟你去！」

信一以為，這只是趟短暫旅程，養好傷勢就回港；
想不到一走，就在他鄉待了九個月！

1.8 八口釘

兩天後，啟德機場。

信一真的決定跟著阿潮去泰國，阿鬼和藍男來送機。

「都叫你們不用來，又不是一去不返！」信一皺眉。

「你很討厭見到我們嗎？」藍男嗔道。

「不是啦，」信一下意識摸了摸自己的臉：「我不想讓你看見這副模樣，怕你心痛。」

「你太自大了，我怎會心痛？」藍男作了個鬼臉。

「口硬心軟！」

信一知道，如果藍男看見自己背門的傷口，肯定會哭出來。

「祖哥哥說他不過來了，他叫你去到泰國那邊，好好休息。」

「嗯。你有沒有陪他喝啤酒？」

「最近他都沒有喝酒，可能沒心情吧；你回來之後，要對他好一點啊！」

「知道了。」

藍男在信一心口輕揮一拳。

信一望著藍男身旁的阿鬼：「阿鬼，我欠你一句道謝，如果不是你通知潮哥，那一晚，我們不知道還有沒有命走出來。」

「幸好那晚鳳仙叫我去買外賣，否則我真的不知怎通知潮哥。」阿鬼心有餘悸。

「可能連上天也不想我們有事，哈哈。」

「大難不死必有後福，信一哥，說不定你在泰國會有奇遇。」

「奇遇？我比較希望有艷遇。」

「你真的很愛説廢話！」藍男插嘴。

「好了好了，要上機了，有什麼留待回來再說。」阿潮拍了拍信一的肩膊：「走吧。」

「嗯。」信一對二人說：「回來見啦。」

簡單作別，阿潮跟信一便步入機場入閘禁區。

這是信一第一次乘坐飛機，他坐在窗口位置，等待著飛機起飛，又期待又興奮。

「潮哥，泰國有什麼好玩？」

「你想玩什麼？要不要試試人妖？」

「吓？」

「泰國人妖超漂亮的，見識過你就知道的了。」

「呃，還是不用了。」

飛機起飛，信一看見下面的九龍城漸漸縮小。

黃昏的陽光照遍整個九龍城寨，他第一次俯瞰這座巨城。

在這個角度看下去，原來萬家燈火的城寨是這樣壯觀、獨特，以及，溫暖。

在不久之前，他還急急想要逃離這個地方。

信一忽然覺得，說不定城寨的天台上，正有一雙眼睛看著自己。

驀然回首，那人卻在，燈火闌珊處。

這當然只是信一的主觀想像；飛機一直爬升，眼看著城寨漸變積木般細小，他心裡居然生出不捨之情。

「再見了，城寨；再見了，藍男、祖哥哥。」

信一的感覺沒錯，城寨的天台上，龍捲風正坐在尼龍椅子，抬頭望著天空上的鐵鳥，企盼信一回來的一天。

是夜，尖沙咀某間的士高夜場，忌廉哥、關公以及幾個門生正在此飲酒作樂。忌廉哥與關公與神人會面一事，瞬間江湖上流傳，雖沒有人知道談判內容，但二人已成為一時佳話，身價幾級跳。

兩天之間，已有幾十名少年慕名而來，希望能投其門下。

「哈哈哈哈，老子今晚真的很開心！」關公拿著一支威士忌，灌入喉嚨。

關公放下威士忌，便想吻向身旁的少女。

「幹嘛？」少女推開關公。

「開心嘛！你不開心嗎？」關公嘟起嘴，作勢索吻。

少女是由忌廉哥的門生帶來，本來是為結識忌廉哥，卻被關公強拉到他身旁。

「不要啦！」少女雙手撐著關公的雙肩。

「欲拒還迎，我中意啊！」

坐在噁心男身旁本已很不自在，被他強行索吻，少女嚇得花容失色，想反抗卻不夠力氣，眼見關公的臉愈挨愈近，少女合起雙眼不敢看下去。

關公的嘴快要貼到少女的臉蛋之際，忌廉哥卻抓住他的肩膊，制止了他。

「關公，別嚇壞人啦。」

忌廉哥出手，關公縱然想強來，也得壓住獸性。

「來，喝一杯。」忌廉哥舉起酒杯。

關公跟幾個門生同時跟忌廉哥碰杯。

「忌廉，還是你有腦，這兩天全江湖的話題也落在我們身上，是不是要乘著氣勢，再下一城？」關公興奮地說。

「怎樣再下一城？」忌廉哥淡然問。

「當然是擴展勢力啦！」關公：「我們由佐敦開始，一路殺落去旺角！」

「殺落旺角？你忘了油麻地一帶是大老闆的勢力嗎？」

「大老闆又如何？江湖靜了那麼久，是時候製造點風浪了！」關公跟身旁的阿木說：「阿木，你說對不對？」

阿木點了一下頭。

「今晚是來開心的，公事改天再說。」忌廉哥：「出去跳舞啦。」

「好！」關公站起，伸手邀請少女：「美女，一起去跳舞吧！」

少女望望忌廉哥，作求救狀。

「關公，人家陪你跳舞，你別強行索吻啊。」

「當然啦！我絕不會強迫別人的！之前跟我一起的女人，都是得到我准許才可吻我！」

「那就最好。」

忌廉哥用下巴跟少女示意，少女不情不願，跟了關公走到舞池。

一出到舞池，關公就好像上了身似的，誇張地瘋狂搖擺著身體，動作相當笨拙難看。

「跳吧！」關公邊扭腰邊說。

少女無可奈何，以自己的節奏輕擺身體。

關公似乎對自己的舞技很有信心，動作愈來愈大，在他身旁的人們都不敢靠得太近。

「哈哈，他們似乎都想看我表演！」關公：「美女，我跳得如何？」

「很不錯、很不錯。」少女裝笑。

「有眼光！其實如果不是出來混，我一定會報考舞蹈藝員訓練班！」

「現在有很多舞蹈比賽，你可以試試啊。」

「我有這資格？真的假的？」關公的臉，竟然不是因為憤怒而紅起來。

「不試試又怎知道不行呢？」

「你說得對！我明天就看看哪裡可以報名！哈哈！」

正當關公全情投入享受他的舞台之際，忌廉哥卻感到有點不妥。

忌廉哥的視點穿過關公，落到舞池外面的盡處，在眼花繚亂的七彩光線之下，看到一個與此地格格不入的身影，混在人群之中。

那個身軀正慢慢步向舞池。

忌廉哥的不安感同時升起。

江湖人的敏銳觸覺告訴忌廉哥，危機來了！

忌廉哥突然動身，走到舞池，正想通報沉醉於舞台的關公，可惜已太遲。

那個男人，已來到關公身後。

「關公！」忌廉哥大喝。

關公還未來得及反應，便感到腰間中如被鐵鏟重擊！

接近二百磅的身軀，不由自主離地飛起，回到剛才喝酒的位置，背門撞上圓桌，把桌子打翻，衝勢才得以停下。

男人在忌廉哥身旁擦過，沒看他一眼，只留下一句說話。

「待會到你。」

此刻的忌廉哥才真正感受到男人散發出來的巨大氣場！

明明已握拳，卻不敢向他率先動手，由得他在自己身旁經過，朝關公方向前行。

倒在地上的關公，大出洋相，憤怒至極，也不管來者是誰，只想把他碎屍萬段！

「你找死了，敢來我的場鬧事！」關公撐起身子，這才看清來人，隨即大吼：

「清場！落閘！」

關公暴怒，場內除了「架勢堂」及一些湊熱鬧的人，其他人都統統離場。

關公站起來的同時，十數名架勢堂人馬已把男人團團圍住。

男人隻身來到「架勢堂」的地盤，更對關公動手，被對方人包圍卻置若罔聞、神態自若，只吸著煙，盯著關公。

「龍捲風，別以為我關公會怕了你！若不是看在Tiger哥的情面，上次已經向你動手！」關公怒得面紅耳赤：「你以為自己是天下無敵？今日我關公就要打爆你！」

大吼一聲，關公如野獸出籠，撲向龍捲風。

面對比自己身型巨大的關公，龍捲風沒半點退意，把手中的香煙彈出，不偏不倚射中關公的左眼。

眼睛一痛，衝勢也頓下來，當他一回神，腰間便又感劇痛，跪在地上。

龍捲風如天神般站在關公身前，俯視著他。

「吔……」關公用盡力氣大喝：「阿木！動手！」

能與龍捲風交手，是幾多江湖人夢寐以求的事情，阿木雖然緊張，但內心很是亢奮，隨手執起一個啤酒樽，就往前衝過去。

龍捲風以淩厲的眼神瞄向阿木。

被神人一瞪，阿木心頭劇震，卻仍咬緊牙關迎上。

阿木算是很夠勇氣，可兩者的實力相距太遠，當他來到龍捲風身前，正要往下砸，手腕一痛，酒樽脱掉，並落在龍捲風手上。

「你就是阿木。」

龍捲風居然認識自己，連阿木也感愕然。

下一秒，已知大禍臨頭。

龍捲風把酒樽砸在阿木頭上，阿木頭顱一痛，玻璃碎片撒滿一地。

阿木痛感未退，背門便被斷裂的酒樽拉出一道傷痕，大注鮮血從那道口子湧出來。

就算沒有後眼，也知道背門的裂口有多深。阿木的臉上，首次出現表情——劇痛得面容扭曲。

阿木的士氣一擊即潰，龍捲風的目光，又再落在關公上。

「你別亂來。」仍未站得起來的關公，雙手撐著地面，不住後退。

看著龍捲風步步進逼，身高六呎的關公，竟變成一頭待宰羔羊，想求饒，卻太丟臉了。

「龍捲風，我們和你的帳已算清，你還來鬧事？」關公只能作最後的吶喊。

「你們做過的事，不是以為沒有後果吧？」龍捲風淡然地說出極具霸氣的話：「想安然度日，就不要惹上我。」

「你以為我真的怕了你？」

關公鼓起最大勇氣，撐起身揮拳迎向龍捲風！

關公以為，卯足了勁，勢如破竹的一拳，就算傷不了龍捲風，也能令對方知道自己的力量有多大，怎料鐵錘般的巨拳，卻被一手截住。

下一秒，便見龍捲風手執破裂酒樽的一手在眼前掠過。

龍捲風出手太快，關公根本不知道在那電光火石間發生了什麼事。

反而在龍捲風身後的忌廉哥卻清楚看見這一幕——龍捲風以手上酒樽的利口，在關公的臉上，從左至右，劃了一下。

再下一秒，關公瞧見臉上噴出血水，痛感這才傳入腦海，叫他雙手掩面，失聲大吼。

「我的臉！我的臉呀！」

阿木、關公相繼受創，一直沒出手的忌廉進退維谷：不動手，顯得太窩囊沒大將之風；動手，怎敵得過龍捲風？自己會落得什麼下場？

就在忌廉哥不知如何是好之際，龍捲風放下了手中的酒樽，對他來說，這是個千載難逢的機會，就算他打不過龍捲風，也不至於傷成關公這樣。

所以就算他萬般不願跟龍捲風交手，也要主動出手了。

忌廉哥一動身，龍捲風便回頭，在他出手之前，祭出了拳，落在他的肚腹上。

中拳的忌廉哥只感一陣強烈氣流湧入身體，令他無法呼吸，全身像被凍結，動彈不得。

龍捲風只要再動手，忌廉哥肯定會跪倒地上，但他似乎沒有重創對方之意。

「你該慶幸，當日沒份下手。」

龍捲風從口袋中把一物放到忌廉哥的手上。

忌廉哥一看，那是一部釘書機。聰明的他已經知道，龍捲風要他幹什麼了。

「你動手，還是我自己來？」龍捲風溫然道。

在這種詭異的脅迫之下，忌廉哥好不容易才吐出一口氣，然後蹣跚走到關公面前，一手把他推在凳上，皺著眉，跟他說：「關公，忍著啊！」然後一手壓住他頸項，另一手就在他臉上打了一口釘。

「吔——！！」

痛得撕心裂肺的關公猛烈掙扎，可卻被忌廉哥強行壓了下來。

「忌廉，你幹什麼呀？放手呀！」

忌廉哥知道，龍捲風今日御駕親征，如果不在關公臉上打滿八口釘，他絕不會罷手，所以忌廉哥只好繼續。

每打一釘，關公都發出了殺豬般的大叫，相比起當日信一，他實在難看得多。

看著極盡殘忍的一幕，龍捲風點起香煙，不慍不火，似在看一件稀疏平常的事情。

龍捲風認為，對著惡人，就得收起慈悲，絕不能有任何姑息憐憫之情，唯有以惡制惡！

阿木看在眼裡，打從心底的害怕起來，被龍捲風瞄了一眼，慌張得如喪家犬垂下頭。

一連受了八釘的關公，痛得半死，頹然倒在凳上。

痛楚會消散，可刻在臉上的烙印，一世了。

「以後睇路做人。」

撂下一句，龍捲風就步往的士高出口方向，場內當然沒人敢擋他去路。

忌廉哥此刻才終於舒一口氣。

當龍捲風拉開大閘，步出大門，外面整條大街原來已佈滿「架勢堂」的成員，少說也有三人百人！

面對黑壓壓的人群，龍捲風仍然一臉泰然。

場內的小嘍囉看見己方人多勢眾，立時膽壯起來。

「關公哥，我們的人到齊了！」

人強馬壯，關公重新注入能量，怒喝：「全部上！殺了他！殺了他呀！」

關公聲如洪鐘，話傳到外面，「架勢堂」成員已蠢蠢欲動，準備對神人發動攻勢。

龍捲風眉頭一緊，彈走香煙。

「你們等什麼？」龍捲風：「動手啦。」

1.9 Tiger哥

龍捲風好整以暇，一臉不在乎地等待對方動手，可眼前那三百多人，居然沒有一個敢上前。

「動手！動手呀！」的士高裡面的關公向門外破喉大吼。

但就算叫破喉嚨，外面的人仍沒有任何風吹草動。

他們都知道己方人多勢眾，也確信龍捲風絕非戰狼三百——以他一人之力，斷沒可能敵得過三百人。

偏偏，就是沒有一個人敢捋虎鬚！

龍捲風往前踏出一步，站在最前方的人，竟不由自主的後退。

一個神人的氣勢，居然可以壓倒三百尋常之輩！

就在那三百人進退兩難、呆著之際，突然一把聲音從人群後方響起。

「全部散開！」

眾人循聲去看，只見一個身穿啡色西服的身影從馬路走入人群。

一見來者，「架勢堂」人員即讓出一條路，對他又敬又畏，同聲道：「Tiger哥！」

「你們搞什麼？」Tiger 哥揚揚手：「散！」

Tiger 哥親自出陣，兩大龍頭世紀碰頭，一眾「架勢堂」成員當然等著好戲上演！

Tiger 哥走到龍捲風面前，點了一下頭，正想向他問好，忌廉哥卻在此時扶著受傷的關公出來。

「老頂！龍捲風走到我們的地方鬧事，還把我傷成這樣！」關公以掌心按著血淋淋的臉。

一見關公這傷勢，Tiger 哥就面有難色了。

他一收到龍捲風闖上關公地盤的消息，就立即飛車趕來，希望能阻止一場戰爭；但見關公這副模樣，不用多問都知道龍捲風已經動手。

這下麻煩就來了，龍捲風向「架勢堂」的人動手，還把關公弄成這個模樣，眾目睽睽之下，Tiger 哥如果就這樣放他離去，以後還有何威信？

跟他動手嗎？即是跟「龍城幫」開戰，更加是他萬萬不想發生的事。

Tiger 哥的腦筋運轉，正想著如何拆局之際，龍捲風已趕在前頭出聲了。

「Tiger 哥。」

Tiger 哥想到的事，龍捲風又怎會想不到？

Tiger 哥在「架勢堂」還是不起眼的小角色時，龍捲風就已經跟雷震東平分天下，雖然同是龍頭，但論江湖地位及聲望，Tiger 哥還遠不及龍捲風。

龍捲風一句「Tiger 哥」，已經給足對方面子。

龍捲風聰明，Tiger 哥也不笨，當然知道如何唱戲。

「龍捲風，我們兩幫人一直相安無事，你要動我的人，也該先跟我說一句吧？」

「Tiger 哥，是關公先向我的人動手。」龍捲風：「你可以問問他。」

Tiger 哥的目光落在龍捲風身後的忌廉哥與關公身上。

「忌廉，事情是怎樣的？」

忌廉哥心想，事情是怎樣，你又怎會不知？Tiger 哥擺明不想跟龍捲風起衝突，多說也是無謂。

「老頂，事情太長了，不知怎樣說起。」

「怎會不知？信一殺了我們的人，我們無條件放人，龍捲風卻恩將仇報，無緣無故把我弄成這樣！」關公卻氣不過連珠炮發。

龍捲風是什麼人，Tiger 哥當然清楚；而龍捲風近年已簡居城寨，鮮有出手，若非關公觸及到他的底線，他絕不可能會從城寨出來。

「如果我要恩將仇報，你覺得自己還有命站在這裡嗎？」龍捲風：「留你一命，是因為看在 Tiger 哥的情面上。」

Tiger 哥知道，讓關公繼續大放厥詞，鬧下去的話，不小心過了龍捲風的底線，那就真正麻煩了。

「老頂，只要你想動手，我們全部人都聽你！」

「忌廉，快帶關公去醫院，其他事我會處理。」

「我不去呀！立刻動手殺了龍捲風！」

Tiger 哥走到關公身前：「再說一次，我會處理！」

忌廉哥清楚 Tiger 哥心意，已準備拉關公離去。

「走啦，老頂會處理的了。」

面如玄壇的 Tiger 哥轉身經過龍捲風身邊。

「龍捲風，你是不是要我給一個交代？」

「嗯，我跟你上車。」

說罷，龍捲風便跟隨 Tiger 哥，走上他的座駕。

隨著兩大龍頭離去，今晚龍捲風大鬧尖沙咀這一場戲，亦告一段落。

「龍哥，我管教不力，令信一受傷，正式向你道歉。」駕著車的 Tiger 哥，一臉歉意。

「他已得到了教訓，算吧。」坐在副駕駛座的龍捲風說。

「這個關公，我已多次叫他不要惹事，他總是不聽我的說話。」

「關公有勇無謀，只懂用武力行事，早晚都會鬧出大事。」龍捲風：「那個忌廉跟你的感情好不好？」

「在公司裡頭，他辦事能力算是最高，也很聽我的說話，很少會逆我意思。」

「這個人，你自己當心一點。」

「知道。」Tiger哥：「信一的傷勢如何？」

「年輕人，受一下刀傷沒什麼大不了，休息幾天就沒事。」

「沒事就好，待他復原，我們找天再相約吃飯。」

「你現在那麼多生意，有空才吃吧。」

「做生意也要吃飯。」Tiger哥：「一轉眼就過了二十多年，當年若不是你給我機會跟秋哥一起帶隊，今日我也未必可以坐上這個位。」

「你如果沒能力，把握不住時機，再多的機會也沒用。」

「說起來，你還有跟秋哥他們見面嗎？」

龍捲風搖搖頭，臉上出現了傷感與無奈。

Tiger哥雖然不知道龍捲風跟狄秋何以兄弟鬩牆，但既然對方一直沒說，他當然也不能多事追問。

車子到達九龍城，龍捲風正準備下車，Tiger哥問了他另一個問題。

「龍哥，如果剛剛我趕不及，事情會怎樣發展？」

Tiger哥知道，就算龍捲風再厲害，也沒可能力敵三百人，但他又不相信龍捲風會就此落敗。

龍捲風微笑說：「你不是趕及來了嗎？」

說完，龍捲風便下車，留下了一個大問號給 Tiger 哥。

「忌廉！剛剛我們大好形勢，怎麼不出手？」

身在地下醫院的關公，剛剛處理好臉上的傷口，就再次破喉大吼。

「你以為我們真可對付得了龍捲風？」

「三百人也對付不了他？」關公激動地說：「他是超人嗎？」

忌廉哥沒即時回話，他腦海出現了剛才一幕的另一個版本。

假設 Tiger 哥沒有及時趕到，「架勢堂」的人馬向龍捲風發動攻勢。

龍捲風會先對付面前最接近自己的兩、三人，從他們手上奪過利器，然後一氣呵成，用最少的動作，完成最殘忍的殺戮。

只要在電光火石間解決了幾個人，便能製造出敲山震虎的效果，其他人目睹龍捲風的狠勁以及攻擊者的下場，還有誰作敢死隊？

到時候，龍捲風一樣可以大搖大擺走出去。

然後道上將會流傳，「架勢堂」三百人也阻不了一個龍捲風。

「架勢堂」這個牌頭，將會變得一文不值，而忌廉哥跟關公，更淪為黑道的笑話。

在忌廉哥的角度，現實的結果比起想像中的另一版本，已好得多了。

「忌廉，今日殺不了龍捲風，以後我們還有面目出來混嗎？」

「放心，江湖人都善忘，過一段時間，只要我們打一兩場勝仗，就沒有人會說起今日的事。」忌廉哥：「君子報仇十年不晚，總有一天，我們定會打垮『龍城幫』！」

忌廉哥的願景能否實現，此刻還是個未知數，但可以肯定的說，在不久的未來，他們會再次跟信一交鋒，那個時候，信一將不可同日而語了。

身在遠方的信一，當然還未知道，他的祖哥哥已狠狠地幫他出了口氣。

Club
Tasogare
男爵
夜総

SEA ZONE

第二章

CHAPTER 2

2.1 椰子

來到泰國布吉的第二日，信一吃過早餐，享受過一陣陽光與海灘，就來到一個半開放式的拳館，觀看潮哥操拳。

拳館設於海灘附近，天花以簡陋的鐵皮作遮擋，中央設了一個擂台，台下擺放了幾張摺凳，任由途人觀賞。

信一坐在台下，看著潮哥跟不同的人練拳，也在模仿揮拳動作。

練習了一輪的阿潮瞧見信一對空氣揮拳，走到台下，把護手布拋給信一。

「信一，坐了半天，來試試吧！」

「我不懂啊。」信一接過護手布。

「你不是很會打的嗎？」

「我打的是爛仔交，沒章法的。」

「所以你要學一下真正的泰拳！」

阿潮幫信一雙手綁上護手布，然後替他戴上拳套。

「來，上台！」

沒有泰拳經驗的信一，沒頭沒腦的走到台上，連怎樣擺個架式也不懂。

「信一，試試向我揮拳。」

「潮哥，我背門的傷還未痊癒啊。」

「你是乸型嗎？少少傷也受不了，以後怎當大事？」

信一最不受激，被阿潮這樣一說，隨即向他揮拳。

「沒力度又沒速度。」阿潮輕易避開了信一的拳：「再來！」

信一連環打出三拳都讓阿潮一一避過。

「給你一分鐘時間，只要你能打中我，今晚請你吃大餐，吃什麼都可以。」阿潮輕佻一笑。

「就不信打不到你！」

一分鐘之後，不知揮了多少拳的信一，氣喘如牛，彎著身子，望著前方的阿潮。

「你真的不行。」阿潮望著信一，搖搖頭：「還說是九龍城小霸王，看來你的對手是小學生級別。」

至此，信一終於知道，街頭格鬥跟職業拳手真的有很大距離。

如果能從阿潮身上習得一身拳術，就算遇上關公這種大塊頭，也不至於全無還手之力。

再過了半小時，揮了不知幾多記空拳的信一，已力竭躺在擂台上。

「不足一小時就累成這樣。」阿潮坐在信一身旁。

「潮哥，我要跟你學拳！」

「學拳好累的，你怕不怕？」

「不怕！」

「我看你要從最基本開始，明早五時起床開始練跑。」

「五時？」

「太晚嗎？可以再早一點。」

「不不不，五時可以、五時可以。」信一露出一張僵硬的笑容。

就這樣，信一第二天早上就開始練跑，跑了兩小時，便回到拳館打沙包，並做足掌上壓、耐力撐、引體上升等體能訓練。

練習了一輪，阿潮才再讓他戴上護手套，當起拳靶來。

「信一，在未正式練拳之前，我想你先當拳靶，你要留意住我的拳腳動作，作出抵擋。」阿潮戴上拳套：「我示範給你看。」

阿潮找了一位師弟戴起護手套，作攻守示範。

阿潮刻意將動作的速度減慢，令師弟容易捕捉到自己出招的方位。

信一從旁觀看了一會，阿潮便叫師弟跟他開始練習。

對於泰拳，信一其實沒多大興趣，不過見識過阿潮的拳技之後，讓信一了解到，有武學根基的人，散發出來的氣息，跟那些小混混很不一樣。

阿潮渾身都有一股獨特的氣勢，這種勢，包含了自信與沉穩，令對手望而生畏，就像武俠小說的高手，一走出來，就技壓群雄。

阿潮的氣勢，屬於外露型，看起來就像一具人間兇器，無時無刻都處於戰鬥狀態。

他跟龍捲風都是高手中的高手，可後者就比阿潮更高一班。

龍捲風表面看來多麼的儒雅，舉手投足都散發著君臨天下的高手氣息，面對天大事情總是雲淡風輕，從不暴怒發飆，用最溫柔的語氣都可叫對方俯首稱臣。

像他這種出塵絕世的人物，百年一遇，就算雷震東、大老闆此等制霸江湖的角色，也生不出龍捲風的氣質。

信一知道，真正的高手，都有屬於自己的氣場，這東西無色無味、無形無相，也不知道什麼時候會在自己的身上出現。

如果不能為自己製造出巨人的氣場，縱然在江湖爭到聲名，始終無法達到高手的級別。

這天信一一直鍛煉到下午，一身筋骨從未如此痠痛過，吃過晚飯，就倒頭大睡。

信一睡去，阿潮打了一通電話回港。

「龍哥，信一沒事，放心。」

「拜託你了，如果他有心繼續，你就把他一直留在這裡，直到他想回來。」

「沒問題。這小子天資聰敏，意識不錯，學了半天已開始捉到節奏。」阿潮：

「你還好嗎？聽說你闖上了『架勢堂』的地盤，大鬧了一場。」

「小事，只是給關公一點教訓。」

「信一的事交給我，你自己好好保重。」

「嗯。」

來到泰國的第三天，信一天未光就起床，開始繼續昨天的鍛煉。

到了下午時分，出了一身大汗，累透的信一在海灘附近走走。

獨自在異國漫步，心境從未如此愜意平靜。

雖然他還很年輕，但由於周圍的氣氛太有渡假氣息，令他覺得他日老了在這裡退休享受陽光與海灘也不錯。

走著走著，他看到不遠處有一路邊小攤檔，被多人圍住。

走近細看，圍住那小檔的，全都是女性。她們每個人手中也拿著一個椰子，邊喝邊露出甜笑。

「有那麼好喝嗎？」

好奇的信一走到攤檔前面，看見一個身穿夏威夷恤衫，短褲，頭戴草帽的中年男子，手執一把破舊的彎刀在開椰子。

男子手法相當純熟，一手拿著椰子，另一手俐落地砍了幾下就把椰殼破開。

「好快的刀！」信一驚嘆。

男子抬頭，把手中的椰子遞到面前一女子手上，接過的女子都露出了心心眼。

此刻的信一才瞧見那個中年男人一頭銀白髮，皮膚黝黑，雖然有些年紀，但五官卻很精緻，是個非常帥氣的大叔。

銀髮大叔的目光剛好落在少女群後面的信一身上，二人目光接上。

大叔露出善意一笑。

信一亦禮貌地點了下頭。

然後，信一聽到少女們跟他說了連串泰文。

「ลุง, วันนี้คุณหล่อมากเลยนะ」

「ลุงกง, น้ำมะพร้าวนี่อร่อยเหมือนคุณเลยนะ」

「ลุง, ข้างหลังมีหนุ่มคนหนึ่ง ดูเหมือนเป็นคนจีนหรือคนฮ่องกงเหมือนคุณเลยนะ!」

信一當然聽不懂泰文，但卻依稀聽到她們叫他的名字，聽起來有點像廣東話「龍」的發音。

那些女孩都喚他ลุง（Lung）或ลุงกง（Lung Gong），信一後來才知道，那是泰文「香港大叔」的意思。

信一看著那個大叔好一會，終於忍不住走到攤檔前面，指著一個椰子。

「This one please.」

「要一個椰子，對嗎？」大叔說。

「你會說中文！」

「我是香港人。」難怪有種親切感。

「我也是啊！」在人生路不熟的他鄉，遇上的首個驚喜。

大叔手起刀落，以俐落無比的刀法砍了幾下，就開好了椰子，遞給信一。

大叔的刀法又快又準，好像變魔術一樣，信一還未看清他如何出刀，手中便多了一個破開的椰子。

「多少錢？」

「不用了，我送給你。」

「怎可以？」

大叔笑了笑，沒有收錢的意思。

「那多謝了。」信一啜了一口清甜。

上個禮拜差點就踏進鬼門關，現在居然在異地喝著人家請的椰子水，人生的際遇，太多意想不到。

信一又回到剛才人群外面的位置，觀望大叔——開椰子。

大叔除了開椰子了得，似乎亦深得泰妹歡迎，那群女生個個手執一個椰子，圍在檔口望著大叔，都露出甜絲絲的神情。

大叔看來應該接近五十，但仍保留年輕感，而且散發出一陣獨特氣息，沒有任何打份，卻帥氣得過份。

信一留意到，圍著大叔的，除了少女，還有中女、大媽，這個香港大叔，似乎不簡單。

信一坐在對面，一直望著大叔，吸引著他的，當然不是因為外表，而是他的刀法。

他曾拿過刀上戰場，深知道在江湖上打滾的人，大多都沒武術底子，他們只憑一股恨勁拿著刀就向對方砍砍砍，不拚腦袋，只拚力量。

其實信一自己以前也是這樣：普通的拳腳交，輸了大不了被打得一身傷；械鬥就不同了，一個不小心隨時都會魂斷江湖。

那次唯一的械鬥，信一差一點便掛掉，令他明白到，觸覺再敏銳也好，沒有武學概念，若再遇上以一敵眾的場面，未必會及時有個阿潮來解圍。

所以當信一清醒過來，冷靜之後，就一直在想一個問題：是否要積極學刀？

哪一門的刀法才適合自己？

信一本來打算養好傷後回港再算，但今日遇見大叔，隨即燃了起他學刀的心。

他一直在看，直到日落，大叔準備收鋪。

大叔當然亦注意到，那個香港少年已看了自己接近兩小時。

「小子。」大叔大喝過對面路邊，揚手叫信一過去。

信一再次來到大叔的攤檔前面。

「你已看了兩小時，有什麼好看？」大叔面帶微笑。

「我覺得你劈椰子很厲害，是不是練了很久？」

「哈哈，你想學嗎？」大叔在地上拾起一個椰子：「看清楚了。」

大叔以較慢的刀法在信一面前示範一次。

雖然速度減慢，但信一仍然覺得他神乎其技。

「看清楚了沒有？」

「算是看得清楚，但該怎麼砍呢？」

大叔把幾個椰子放在袋裡，遞給信一。

「你拿回去試一下。」

「多少錢？」

「不用啦。」

「那謝謝你了。」

大叔揚手作道別，信一亦點頭道謝。

晚飯後，信一在屋外的露天花園，把幾個椰子放在桌上，呆呆的望著，好像欣賞藝術品一樣。

「你已經望了很久，」阿潮拎起其中一個椰子：「這些有什麼特別？」

「潮哥，你懂不懂開椰子？」

「開椰子有多難？」阿潮笑了笑：「拿刀來。」

信一從廚房拿出一刀遞給阿潮。

接過刀的阿潮，左手固定椰子，右手直砍下去，居然只能在椰殼的外圍輕輕擦過。

「讓我試試！」

信一把刀拿在手上，往椰子砍下去，同樣收到不效果。

「你慢慢，開到之後給我一個。」

阿潮走入房子裡，信一繼續嘗試。

劈了幾刀，不是揮空刀就是刀度太輕，無法好好砍開椰子。

愈劈愈怒，信一索性把椰子放在地上，猛力揮劈。

劈劈劈劈劈，亂劈一通，終於把椰子破開，但椰子水瀉滿一地。

「妖！」信一一腳踢掉椰子：「吃屎啦！」

開不到椰子的信一，氣得拿它出氣。

本想就此作罷，過了一會又死不甘心，結果跟那幾個椰子玩了個多小時，地上全都是椰殼碎塊。

「你搞什麼啊！」阿潮從屋內走出來：「弄得滿地椰殼，今晚給我打掃乾淨才可以睡覺。」

「行啦！」氣得一臉通紅的信一說。

「明天繼續五時起床練拳。」

「行啦！」

「記得打掃乾淨才可以回房間啊。」

「都說行啦！」

「敢向我耍脾氣？嘿，明天要你好受！」

第二天，信一沒有躲懶，準時起床跟阿潮練拳之後，下午又走到大叔檔口，看他開椰子。

他一直在看，直到大叔收檔時，叫了信一過去。

「小子，成功開到嗎？」

信一搖搖頭。

「你為什麼對開椰子那麼有興趣？」

「我也不知道，只覺得你用刀很吸引，就一直在看了。」

「那你不是想開椰子，而是想學刀法，」大叔帥氣一笑：「你有時間嗎？」

「有。」

「那你等等我。」

大叔把檔口收拾好後，跟信一走到海灘附近一椰樹下。

「為什麼想學刀？」

信一想了想，也不知如何回答。

「當一個人很想做一件事，背後都有其目的，如果我不知道你的原因，就不知如何幫你。」

「如果我說想強身健體，你會相信嗎？」

大叔用一聲冷笑回應。

「我想變得更強。」

信一本來想了幾個不同原因，最後還是選擇最直接的一個。

大叔直勾勾的望了信一一會。

望得信一有點尷尬，眼神作逃避。

「你叫什麼名字？」

「我叫信一。」信一反問：「你叫 Lung？」

「Lung 是泰文裡大叔的意思，附近的人都是這樣叫我。」

「那你的名字呢？」

「重要嗎？」

「那我該叫你 Lung 還是大叔？」

「都是一句，隨你喜歡。」

大叔一點也不在意自己的稱謂，信一覺得他相當隨心隨性。

「你臉上的傷，是被打嗎？」

「嗯。」

「你是出來混的？」

「我想，不算吧。」

「那怎會被打？」

這是信一跟大叔第二次見面，就連他自己也說不出原因，竟然乖乖地將被打的原因及過程，都說給對方知道。

或許人在異地，在這種悠閒的環境下，遇上同聲同氣的香港人，心情放鬆起來。

聽完故事，大叔叫信一在這裡等他，過了一陣，他從家中帶了幾支木棍回來，把其中一支遞給信一。

「信一，看清楚了。」

說罷，大叔便以棍代刀，舞動雙棍，在信一面前耍出一套刀招。

信一注意到，大叔上身耍刀的同時，雙腳亦不斷移動配合，是套手腳並用的武學。

看了一會，竟覺得這刀法很眼熟，好像曾經見過。

「看到了嗎？」

「嗯。」信一點頭：「這門刀法是什麼？」

「菲律賓魔杖。」

大叔擺出架式，信一終於記起在哪裡見過這刀法。

「我記得了！是《死亡遊戲》跟李小龍對打那個菲律賓人！」

「你記憶力不錯，」大叔眼神嘉許：「我們正式開始吧。」

接下來，大叔真的開始教授菲律賓魔杖，信一先從單刀學起，練了幾個小時，直到大叔要吃晚飯，才叫信一離開，約定明天再續。

信一第一天學習菲律賓魔杖，就覺得相當感興趣，自己似乎喜歡用刀多於拳腳功夫。

吃過晚飯，信一便憑記憶，在露天草叢繼續練習。

在月色底下修練的信一，就像個少年武士，刀法要得有板有眼。

阿潮從屋內看到信一耍刀，亦被他吸引，走到外面。

「信一，你要的是菲律賓魔杖嗎？」

「潮哥果然有對武術眼！」

阿潮走近，信一亦稍作休息。

「誰教你的？」

「一個賣椰子的香港大叔。」

「在海灘那邊開檔，不時都有很多女人圍著他的那個帥氣大叔？」

「對啊，你認識他嗎？」

「不認識，去年回來還不見他在這裡；原來他懂魔杖。」

「潮哥，你懂魔杖嗎？」

「你知道我的優點是什麼嗎？」

「你的優點跟懂不懂魔杖有什麼關係？」

「你先答我問題。」

「高大？」

「不！」

「靚仔？」信一心道：「雖然跟我相比還有一段距離。」

「不啦！別被我的外表蒙蔽了眼睛，再猜。」

「不猜啦，你說啦。」

「你這個人，就是沒耐性！」阿潮揮著拳說：「專注！我的優點就是專注！所以我從一而終，都只鍛煉泰拳。」

信一不屑一笑。

「你一句不會就可以了，不用說那麼多。」

「信一，我看你好像對魔杖很有興趣。」阿潮直接跳過了信一的話。

「嗯。」

「但你也可以同時練拳，鍛煉體能。」

「好。」

「那你應該不想回港吧？」

「我可以留在這裡習武，直到學有所成嗎？」

「難得你那麼上進，當然可以。」

「潮哥，麻煩你明天幫我跟祖哥哥說聲，我遲一點才回去。」

「你專心在這裡就是。習武是漫長的，你最後揀選了哪一門也不要緊，但我希望你記住我今日跟你說的話。」阿潮正色道：「日後你可能會面對不同的對手，有對手就知高低；知高低，才會有進步；有進步，才不會停留於某一個階段。選對手，要選強一點，只有不斷超越比自己強的對手，才能作出突破。你試想想，如果你日後遇到的，都是不費力氣就能解決對手，哪有進步的空間？」

信一在消化阿潮的說話，想起自己以前在九龍城遇上的，都是弱者。

然後，信一又想起龍捲風。

「祖哥哥在成名之前，若非遇到雷震東此等對手，也不會在短時間內急速成長進步，他之所能夠稱霸江湖，定必經歷過尋常人等無法體會的事情。」信一如是想。

「信一，人啊，需要在不同的挑戰中前進，順境當然理想，但逆境卻令人增進了歷練與智慧。」阿潮拍拍信一的肩膊：「你是聰明人，一定理解我的意思。」

「嗯，我理解。」

這一晚，阿潮跟信一說了很多話，信一更從阿潮口得知龍捲風跟「青天會」鬥爭的往事。

龍捲風的厲害，信一雖然早有所聞，但在自己跟藍男面前，他總是那麼溫柔，扮演著慈父般的角色，從未見他真正出手。

此刻的信一，很想可以穿越時空，回到那個風風火火的狂吼年代，見證龍捲風如何以寡敵眾，打垮雷震東，創幫立派，插旗九龍城！

我呢？未來的我，可會超越前人？在江湖上幹一番驚人偉業，成為無人不識的風雲人物嗎？

第二天的下午，信一再次來到大叔的攤檔。

大叔似乎也知道信一一定會來，收檔之後，再續昨天的教授。

大叔把一個椰子放在桌上。

「信一，你劈開桌上的椰子給我看。」

信一左手輕托椰子，右手拿刀往下劈。

這一刀，落點失準，力度不夠。

「你知不知這一刀欠缺什麼？」

「用刀的經驗吧。」

大叔搖搖頭，奪過信一手中的刀。

「你還不知道問題在哪裡。」大叔左手輕托椰子：「你之前一直都在注意我用刀的手，這次留意我的左手。」

大叔一刀砍下，快而準，砍了四下就把椰子破開。

突然之間，信一像看出了什麼，心頭如遭電流打了一下。

「知道我跟你左手的分別嗎？」

「我看出重點了！」

信一終於發現到問題所在，這一次領悟，將令他的刀法作出驚人的突破。

「大叔，我留意到你托著椰子的左手，一直牢牢把它抓住。」

「你的問題呢？」

「我的刀向下砍時，左手都會不由自主的放鬆了力度，沒法好好抓緊椰子。」

「原因？」

「我怕落點不準，錯手劈到自己。」

「這就是重點。」大叔輕鬆說出大道理：「賣椰子也好、當黑道也好，刀，就是你的朋友。由一開始，你怕了它，又怎可能與它生出默契，達到人刀合一之境？」

「人刀合一？」

信一的問題，是因為根本駕馭不了手中刀，對它生了怯意，所以左手條件反射，自行放鬆，不能固定椰子，令落點失準。

「它是你的同伴，同時也是一頭野獸；你若不把它控制，隨時會被反撲反噬。」大叔揮著刀說：「所以你一定要學會駕馭它。」

利刀銀光閃爍，如毒蛇吐信，稍一不慎就會被撲噬，偏偏大叔卻全無怯意，只因他有絕對信心把它駕馭。

知道問題所在，這天之後，信一再沒有劈椰子，每日天未光就跑步，集中精神做著單調重複的動作，令腦袋變得清澈；調整吐納，練習沉著。

中午練拳，令肌肉長期保持戰鬥狀況，鍛煉觸覺與體能。

下午就是重點重訓，跟大叔修習魔杖。

就連信一也不敢相信，自己竟可以日復日，風雨不改，無間斷地進行著同一樣的訓練。

大叔跟信一，兩個本來互不相識的人，竟在異地發展出一段師徒關係。

人與人的相遇，講求緣份，不知怎的，信一對大叔生出一份好感，對他可以無所不談。

有次，大叔問起信一何以可以在泰國待這麼久、問起他的親人，信一就毫無避諱的說出自己的過去。

包括自小由伯父帶大，後來他死了，便跟隨了伯父的朋友一起生活。

信一沒把龍捲風的名字及背景身份透露，只把他說成一個沒血緣的尋常長輩。

「你這位長輩，對你真不錯，他跟你和你的堂妹沒有任何關係，大可把你倆掉進孤兒院，根本不需要扛起這責任。」

「嗯。」

「回去之後，不要再惹他生氣了。」

信一好奇大叔的過去，問過他好幾次，為何會一個人走到泰國賣椰子，大叔卻總是一笑置之，沒正面回答。

就這樣，八個月過去，信一變黑實了，眉梢眼角顯得成熟了，手指雖然依舊修長幼細，但兩臂肌肉如已鋼條，身軀更像一個職業拳手沒半點贅肉，全身肌理線條分明。

最近一個月，大叔的椰子檔已經由信一主理，他開椰子的技術已很到家了。每當這兩個顏值甚高的帥哥在場，椰子檔總是擠得水洩不通。

這一晚，收鋪之後，二人一如既往，以棍代刀，在鍛煉刀法。

經過八個月的修煉，信一的招式已很熟練，觸覺也變得敏銳，可以憑微小的動作看出對方的招勢，從而先發制人，甚至封住了大叔的攻勢繼而搶攻反擊。

出了一身大汗，二人坐在沙灘上，望著海浪，促膝詳談。

「信一，我下個月要走了。」

「你要去哪裡？」

大叔聳肩。

「既然沒有地方可去，為什麼不留下來？」

「我在這裡只是一個過客，早晚也要離開。」

「但你總有個落腳點吧？」

「我只有一個人，哪裡都是落腳點。」

「那你會回香港嗎？」

大叔微笑不語。

「如果有一日，你回香港，記得找我，我帶你去九龍城吃美食。」

「好。」大叔點頭笑笑：「信一，我要教你的，你都差不多學會了，在我們分別之前，我們來一次實刀對招吧。」

「實刀？」

「如果你要在道上走，總一日天要拿實刀跟別人對決。」

「但我怕我未夠火候，錯手傷了你。」

「所以我要跟你上最後一課。」

大叔走到附近的小店拿了幾隻雞蛋以及一柄刀回來。

他把一隻雞蛋放在沙上，然後就揮刀向它橫劈。

刀勢急疾，信一眼見雞蛋將被破開，刀鋒卻突然煞止，大叔收回一刀。

信一不明所以，大叔望了望信一，示意他挨近雞蛋看看。

細心一看，信一瞪大了眼，發現那隻雞蛋的殼上有一道裂紋。

「大叔，這裂紋不是早就有吧？」信一感到難以相信。

「哈，你認為我會搞這種小動作？」

「你是怎樣做到？」

「拿著刀，亂砍亂劈誰不會？」大叔把刀遞給信一：「能放能收，才是用刀的最高境界。」

大叔說完，思緒回到從前，想起多年之前，曾經以手中的刀砍向摯友頸項上。若非他及時停住刀勢，他的摯友已經身首異處了。

發生在廿多年前的從前往事，卻還歷歷在目，只因那是他一生中最大的心結。如果時間可以重來，如果能在兩幫關係未惡化至不能談判的時候作出阻止，這段友情可一直維持至今嗎？

大叔失焦的愣住，直到信一挨近，他才回過神來。

「想什麼想得那麼入神？」

大叔苦笑一下。

「想舊情人？」

大叔失笑。

「看你的樣子，那個人一定是你刻在心底的名字！」

大叔沒好氣。

「有心事可以跟我說，放心，我出名口密的。」

「別多事。」大叔指著插在沙上的雞蛋：「試試揮盡全力劈向它，記得不可以劈碎。」

「好！」

信一一刀橫劈，第一刀停得太快，距離雞蛋還有段距離。

之後的幾刀，信一的刀未能太接近雞蛋的邊緣就停下。

「再來。」

接下的一刀，收勢不及，把雞蛋劈碎了。

「你可以的，慢慢再來。」

當晚回到家裡，信一繼續在露天花園練習——實刀劈蛋。

阿潮瞧見這畫面，忍不住嗤笑了一聲。

「哈，劈完椰子劈雞蛋？」阿潮走到信一身前：「今次又是什麼玩意？」

信一沒回答，專注地揮刀。

揮得一身大汗，也沒一刀觸及到雞蛋外殼。

劈空刀劈了個多小時，信一稍作休息。

「怎麼啦，這次練什麼？」阿潮拿著兩支啤酒，一支遞給信一。

「潮哥，你知不知道一個用刀的高手，最重要懂得什麼？」信一接過啤酒。

「你在考我嗎？不管你練哪種武學，最重要，當然是：能放能收！」阿潮喝著啤酒，瞄向信一：「對嗎？」

「潮哥果然是個武人，什麼也逃不過你的法眼。」

「打算什麼時候回港？」

信一喝了啤酒，想了一會，沒回答。

「你不是打算一直留在這裡吧？」

「待多一個月，下月中秋回港。」

「算你有心，還記得龍哥重視中秋。」阿潮滿意地點點頭：「回港之後有什麼打算？加入『龍城幫』嗎？」

「我沒有想這個，隨緣吧。」

阿潮捏了捏信一的手臂：「鍛煉了那麼久，不出來混，會不會很浪費？」

「怎麼會浪費，這八個月學到的東西，都是自己的，況且我很享受過程。」信一：「潮哥，艱苦鍛煉得來的成果，得到的滿足感是有錢也買不到的，你沒理由不知道吧？」

「居然跟我說教？你這小子真的長大了。哈哈！」阿潮摸摸信一的頭。

阿潮放下啤酒，走到花園中央，擺起拳擊架式。

「信一，來打一場。」

「那麼突然？沒護具啊。」

「你以前在街頭打架有沒有護具？」阿潮揚手：「來啦！」

「好！就跟你打！」

二人在月色底下交手。這八個月來，信一雖然沒有在泰拳下了很大苦功，但基本的防禦及擊拳技術也都學會了。

跟信一對招之後，阿潮覺得他跟最初最大的分別是反應。信一力氣雖不及自己，但已經能夠在出招之前看透自己的招路，作出封鎖。

「封！」信一擋住了阿潮拳勢。

「就看你可以封到幾多拳！」

阿潮向信一一連揮出多拳，雖然減輕了力度，但速度卻相當驚人，快得連肉眼也不能捕捉。

「封！封！封！封！封！」

卻都一一被信一封住了。

望著眼前的信一，跟剛剛來到泰國時判若兩人，此刻的他，眼神極具靈光與睿智，出拳動作輕鬆自若。

年僅十八，卻已散發出一種獨特氣息，見慣世面的阿潮看得出，那是與生俱來，只有在江湖巨人身上才會出現的領袖魅力。

這種魅力不是會打就可生出來，阿潮的武藝當然遠超於信一之上，他很可能在拳壇上有一番作為，甚至成為偉大的金腰帶拳王，但卻不是一個領導者。

當領導要有領導的風範與頭腦，阿潮不笨，卻非這方面的人才。

信一就不同了，或許自小跟龍捲風相處，耳濡目染之下，眉宇之間，多多少少流露出不凡的氣度。阿潮相信，假以時日，只要再增加歷練及琢磨，這個少年定必會在江湖上大有所為。

一個月之後，大叔望著放在沙堆上的雞蛋，露出滿意的笑容。每隻雞蛋殼上，都多了一道淺淺的裂紋，欲破未破。

大叔教授信一技法，卻由他自己所悟。

有一些人，窮半生之力鑽研武藝，卻只能學到形，卻捉不到神，形可以模仿，但神卻要領悟。

無疑，信一在刀技上的天分勝於拳腳，不足一個月，他就能達到大叔所說的能放能收的境界。

對這位「徒兒」，大叔很感滿意，他的悟性比想像中還要高。

「信一。」大叔把自己的彎刀拋給信一。

把刀接住的信一，當然知道大叔的意思。

「記得我一個月前説過什麼嗎？」

信一點頭。

「那我們開始吧。」

大叔拿著刀擺起架式，信一亦準備出招。

兩師徒，第一次以實刀交手。

明月高掛，信一與大叔，聞著夜風，聽著海浪。

「想起來，當初你為什麼不收分毫教我刀技？」

「就當是我跟你投緣吧。」

人總會在某個階段上遇到一些人，在對的時空上遇見，能生出火花，愛情如是，友情如是。

在錯的時間點遇上，縱然頻道接近，也成不了伴侶，當不成知己。因緣際會，就是如此。

信一能在這時空上遇到香港大叔，就是注定的相遇。

大叔以電油火機點了根煙。

「信一，什麼時候回港？」

「也差不多了。」信一問大叔那了根煙：「你呢？幾時起程？」

「明天。」

「那麼突然？」信一：「那我們還有機會見嗎？」

「只要我倆沒死，一定有。」大叔：「回港之後，有什麼打算？」

「我也不知，暫時沒有想法。」

「你還年青，慢慢想，虛度一下光陰也沒所謂。」

大叔把玩著手中火機，望了一會，把它遞給信一。

「送給你。」

「送給我？」

大叔笑笑。

信一接過火機，銀色的金屬光面上，有一架開蓬跑車圖案。

「這是你的車嗎？」

大叔輕輕點頭。

「你很會開車嗎？」

「年青的時候，常常跟我一位朋友飆車。」

「大叔年青時一定超帥，溝到很多女吧！」信一以手肘碰碰大叔手臂：「有沒有什麼招數可以教我？」

「我已經教了你很多東西，連溝女也要跟我學？」大叔調侃：「洞房需不需要我教你？」

老實說，這段日子信一在泰國也有不少艷遇，帥哥在世界任何角落也招惹桃花。信一認識了不少風情萬種的女子，不過他似乎對泰國的女子不感興趣。

「說笑而已。」信一笑容帶點尷尬：「說起來，我跟你說過那位長輩，年輕的時候也好像很會開車，他日你回港，一定要找我，我介紹你倆認識。」

「好。」大叔意味深長的笑，然後站起來拍拍身上的幼沙：「時候差不多了。」

「嗯。」信一亦站起來。

「我走啦，保重。」大叔揮揮手。說完，就轉身離開。

望著他的背影愈走愈遠，信一內心感到一陣失落。

這九個月的日子，信一幾乎每天也跟大叔見面，明明應該很要好，他卻總覺得大叔刻意要跟自己保持距離，從不透露過去，亦沒提及過他的其他親人。

或者大叔知道，總一天會跟信一分別，所以才沒投放太多感情。

在他的過去，也曾有過兄弟與知己，最終還是被命運這道颶風吹個四分五裂。

那些人與事，已成了過去的領域，回不了頭，不能補救。

自此，他就一個人到處生活，四海為家，只因他怕在一個地方待得太久，會認識到新的朋友，生出不必要的情感。

他相信，人在某個時間點上，會遇上不同的朋友，經過一段路程過後，大家又各自踏上不同的道路，然後又換上另一些人出現。

聚散有時，他們都是人生過客，信一如是，往昔的知己如是。

到頭來，都得孤身上路。

既然如此，又何必在路途上被不必要的人類情感羈絆著？

他甚至不知道，在這世上，還有個跟他血脈相連的親人。

一星期後的清晨，信一執拾好行李，準備踏上回港的路途。

臨行前，阿潮跟信一最後道別。

「信一，回港之後，記得不要再惹祖哥哥生氣。」

「知道了。」

「有空再來泰國探我。」阿潮輕力的向信一出拳：「不要荒廢練武，下次見你，希望你可以打敗我。」

「試試跟我比刀，現在就可以擊敗你。」

「你什麼都好，就是太好勝！」阿潮摸摸信一的頭。

「潮哥，其實我已經十八歲了。」信一整理頭髮：「不要撥亂我的頭髮好不好？」

阿潮給信一一個擁抱：「好啦，走吧。」

信一居然見到阿潮雙眼泛紅。

「潮哥，幹嘛？」信一：「你不是流馬尿吧？」

「哪有！」阿潮抹了抹雙眼，推了信一背門一下：「上車！」

信一登上馬路邊的一輛「篤篤車」。

信一揚手，阿潮終於忍不住哭出來。

「潮哥，你像個女人，哈哈！」

「保重呀！幫我問候龍哥！」

信一笑著揮手，車子絕塵而去。

第三章

CHAPTER 3

3.1 中秋

相隔九個月，信一重回香港。

是日中秋佳節，下午時分，已見人群聚在街市準備晚上做節的餸菜。臨時生果檔擠滿路邊，魚檔老闆即場生劏鮮魚，還有豬肉檔剁肉聲，人聲沸騰，構成一個只有在香港才會看見的畫面。

回到九龍城寨，強烈的親切感撲面而來，雖然又暗又髒，但每一條街巷，都有過生活烙印。

——是那祲孖。

小店沒因為節日而提早關門，士多、雜貨舖、電器維修等等，門外都掛上不同款式的燈籠，節日氣氛濃厚，有種回家真好的感覺。

這裡本來就是一個大家庭，不論住客及檔主都是城寨的一分子。

信一經過昌記士多時，滿頭白髮的老闆叫住他。

「信一！」

「昌叔。」信一回應。

「很久沒見你了，去了哪裡？」

「去了泰國旅行啊。」

「去那麼久，難怪皮膚黑了很多。」昌叔慈祥地笑：「這次回來，不會再走了？」

「不走了。」

「那就好！」昌叔從店內開了一支綠寶橙汁遞給信一：「請你喝。」

「昌叔，你當我小朋友嗎？」

「你是小朋友啊。」

信一笑笑，接過綠寶；昌叔又把兩個月餅遞給他。

「一個給你，一個給藍男。」

「多謝昌叔。」

穿過熙來攘往的街道，踏上昔日住處的梯級。

走上一層又一層，即將就要跟祖哥哥再見；自從當天出走城寨往外闖之後，已相隔了接近一年，相見的一刻，場面會很尷尬嗎？

第一句該說什麼好呢？

信一來到居所門前，吸一口氣，敲了兩下，聽到屋裡傳來一陣腳步聲，在門前停下。

大門緩緩打開，出現在他面前的，正是神人龍捲風，信一的祖哥哥。

祖哥哥溫然一笑，笑容依舊親切和藹；最大的不同，就是頭髮已變得灰白，添了份滄桑，卻不減帥氣。他沒說話，眼裡卻似寫著：歡迎回家。

聞著祖哥哥身上獨特的煙草味道，信一的眼角有點濡濕，心頭有種遊子歸家的顫動。

信一想開口叫他一聲，可他已太久沒有稱呼過龍捲風做祖哥哥，來到這個時候，喉頭竟然有點乾澀，開不了口說出這稱謂。

眼前的人，如同父親，信一跟藍男一樣，心裡其實一直很想叫他一聲爸爸、老豆或Daddy，但都太突兀太奇怪了；那個最合適的時間點，已經錯過了。

龍捲風亦理解信一的心情，其實就連他自己，一時之間也不知該對信一說什麼。

眼前的男孩，已經不是昔日那個他單手可以抱起的小伙子，而是有點歷練的人了。龍捲風也在琢磨該用什麼態度跟他相處。

二人四目交投，等了半晌，信一終於吐出一句——

「哥哥。」

這叫法，從此成了強人下半生的名諱，一直到風止息的那一天。

哥哥，當中包含的意思太多太多，聽在龍捲風的耳裡，心領神會。

對上一次見面，信一還是個憤世嫉俗、乳臭未乾的小子；想不到再見之時，已蛻變成這個沉穩的模樣。

但眼神是騙不了人的，龍捲風最會看人，他從信一靈動的瞳仁裡，看到未變的赤子之心，那是裝不出來。

——歸來，仍然是那個少年。

信一的背脊突然被人大力拍打了一下。

「嘩！」信一慘叫，已經知道誰人來了。

信一回頭，只見藍男長高了、成熟了，輪廓變得更深更精緻。

「信信！幹嘛站在這裡？」背著一支結他的藍男，雙手把信一推入屋內。

她的語氣依舊，輕描淡寫得彷彿他從沒有離開過，只是尋常的一次回家。

回到跟龍捲風、藍男一起生活的老家，一切都沒變，依然溫暖親切。

藍男放下結他，信一說：「你什麼時候學結他的？」

「很久啦！」

「懂彈什麼歌？彈首給我聽聽。」

「英文歌你不懂的了，有心情才彈給你聽。」藍男定睛望著信一，又摸了摸他的手臂：「哇，你結實了很多！」

「當然啦，我在泰國日日操拳練刀！」信一向藍男揮拳。

「現在很會打了嗎？」

「一打十應該沒問題！哈哈！」

「你倆慢慢談，我去煮飯了。」變了半職廚師的龍捲風走進廚房，準備中秋做節的晚飯。

「有沒有手信給我？」藍男向信一伸出手掌。

「貪心！」信一拍拍藍男的手：「這麼久沒見，一見面就向我討東西！你是不是應該問一下我這九個月來的生活？」

「肯定爽皮啦！不用工作、不用讀書，日日陽光與海灘。看你一身古銅色肌膚，一定玩到忘了形？說好去一星期，結果去了九個月！你說你抵不抵打？」

藍男斜眼望向信一，然後一拳打在他肩膀上。

「好痛呀！這麼大力！」信一大叫。

「痛？你是大小姐嗎？」藍男再來一拳：「不是說能一打十嗎？練到一身肌肉，連我一拳都受不了？你練什麼？」

一連打了三拳，藍男呵呵拳頭。

「肌肉像石頭般硬，看來你真的有下苦功。」藍男打得自己手痛：「不過你連手信也沒有，真的很令人生氣！」

藍男正想出腳踢過去，信一突然想起什麼。

「等等！別動手動腳那麼粗魯，我當然有帶手信回來啦！」

「什麼手信？」

「好東西！我保證你一定喜歡！」

信一準備打開行李箱，藍男在旁滿心期待。

「登登登登！」信一在藍男面前打開行李箱：「全泰國最好的東西，就在這裡！」

藍男從行李箱拿出一物，張大嘴巴：「椰子？」

「對啊！超清甜的，保證香港買不到，開一個給你試試好不好？」

「……好吧。」

信一拿著椰子走進廚房。

「哥哥，有沒有刀？」

「你想要什麼刀？」正切菜的龍捲風問。

「菜刀可以了，借給我好嗎，很快還你。」

龍捲風把手中的刀遞給信一：「小心啊。」

「放心！」接過菜刀的信一，自信滿滿。

左手拿著椰子，右手就劈向它。

幾秒之間劈出四刀，就把手中的椰子破開，手法熟練得驚人，就連龍捲風也看不清楚他如何出刀。

一向冷靜自持的龍捲風，竟也看得呆了半晌。

信一看到龍捲風的表情，心裡偷笑了一下。

「哥哥，你也想喝嗎？」

「嗯。」

「藍男！」信一大叫：「幫我多拿一個椰子過來。」

藍男走進廚房接過信一手上已開的椰子，再把另一個交給他。

「喝一口試試。」

藍男拿來一支飲管，啜了一口。

「怎樣啦？」

「的確很清甜。」

「沒騙你啦！」

說完就手起刀落，劈向另一個椰子；同樣俐落快捷就破開了。

其實阿潮每隔一段時間，就會向龍捲風說起信一的情況，所以他早就知道信一學刀的事，只是沒想到，他的刀法練得比自己預期的還要厲害。

從龍捲風的神情，信一就知道，自己的刀法，連神人也被震懾了。

信一自傲一笑，把椰子遞到龍捲風面前。

龍捲風接過椰子，凝視著面前的信一，心裡在想：這小子的刀，到底達到什麼境界？

當晚，由龍捲風親自下廚，為信一接風，也一家人齊齊整整吃中秋晚飯。

他們這一家，已很久沒聚在一起。三餸一湯，家常便飯，信一卻吃得津津有味，他已很久很久沒嚐過龍捲風的手藝。

今晚有藍男喜歡的紅衫魚，也有信一最愛的煎釀三寶和椰子煲雞湯。

「椰子煲雞湯……」信一望著大湯碗說：「我的人生好像離不開椰子，哈哈！」

「祖哥哥知你喜歡嘛！」

「你也有紅衫魚啦！」吃著豆腐釀魚肉的信一說：「哥哥的煎釀三寶，當真是世界級美食，比魚翅還美味一百倍！」

一直到許多年以後，信一和藍男都覺得，祖哥哥煮的菜，是世界上最好的、永遠吃不膩的滋味。裡面有太多的愛。這些味道，烙了在他們的味蕾上，日後所嘗的所有珍饈佳餚，都不會比得上這一頓。

「為什麼你整晚都叫祖哥哥做哥哥？」

「沒理由，哥哥就是哥哥。」

「我知道原因。」

「你又知？什麼事你都知！」

「你覺得你自己長大了，叫祖哥哥很小朋友，很尷尬，對不對？」

「膚淺！你看事情太表面了。」

「哼！」

「今晚做節，總覺得很像欠缺了什麼？」

「燈籠嗎？」藍男猜想：「我有啊！」

「不是，欠了什麼呢？」

「我知道！」

「你那麼機靈，真的什麼也瞞不過你，說來聽聽。」

「你是不是想找小白啊？」

「對啊！」信一拍了拍大腿：「小白呢？」

「牠現在住樓上。」

「牠自己住？」

「笨蛋！哪有狗自己住一間屋？當然是跟我住啦！」藍男解釋：「哥哥把樓上的單位收回來，給我倆住；不，還有小白，我們三個住。」

「你們都長大了，自己住吧。」龍捲風微笑著說。

人長大了就不想常常跟長輩一起，信一已十八歲，就算回到城寨，也應該有獨立的空間。

龍捲風的用心，信一都明白。

他和藍男，是世上得到最多愛的孤兒。

這一頓飯，除了藍男跟她堂哥的無聊日常，之後的話題都是離不開信一在泰國這段日子的趣事。

中秋月圓，人團圓。

晚飯過後，他們仨跟小白，走到天台看月光。

城寨的大廈，密密麻麻，近乎沒有棟距，令天台構成一個凹凸不平的巨大平台。

街坊張燈結綵，滿有氣氛。眾多孩童帶著燈籠走上天台賞月，吃著月餅、喝著汽水，慶賞佳節。

「九龍城的月光，特別漂亮！」席地而坐的信一，仰望著天空。

信一喜歡的，不是月光，而是這裡的人情氣氛。

龍捲風在地上鋪上一張膠蓆，放了啤酒、汽水、芋頭、楊桃與碌柚。

「信仔，回來之後，有什麼想法？」龍捲風拿起啤酒。

「我想幫你手。」信一拿著一個小芋頭，點了幾下碟上的砂糖。

龍捲風不感意外。

「如果你想加入『龍城幫』，要從低做起。」

「你誤會了，我不是想跟你拿刀，我想幫你處理帳目。」

「哦？」連龍捲風也想不到信一居然想當會計。

「以前你常常說，見到數字就感頭痛，幫會生意的帳目都處理不好，不如我試試幫你，好嗎？」

「好，當然好。」龍捲風笑：「我記得你以前數學成績不錯。」

「可是不夠用。」信一吃了口芋頭：「我打算去讀夜校進修。」

龍捲風滿意地點頭。

「你以前常常逃學，現在居然轉死性主動讀書？」藍男拿著一個用竹枝吊掛著的白兔燈籠：「是不是有陰謀？」

「好心你不要那麼多陰謀論，人長大了、思想成熟了，自然會看看自己有什麼不足，從而改進。」

「嘩，信信，你真的變得很成熟啊。」藍男調侃他：「希望你可以維持兩個月啦。」

「兩個月？你太小看我了。」信一望著趴在地上的小白：「小白，你信不信我？」

「汪！」小白神氣回應。

「還是小白乖！」

「信仔，你一定可以。」龍捲風頷首。

這時，藍男還拿出寶麗萊相機，叫阿鬼替他們拍了張全家福。

藍男要跌眼鏡了，信一的堅持，已經維持了足足兩年！

這兩年間，信一每天上午跑步訓練，午後開始為龍捲風處理「龍城幫」的帳目，黃昏後跟龍捲風藍男吃過晚飯就去上夜校，重讀中四，修讀商科。

晚上回到城寨，還不忘練刀，每天在天台鍛煉兩小時才洗澡睡覺。

這樣的日子，無風無浪，安穩平靜。

平靜得像退休生活，這真的會是信一追求的生活方式？

抑或他只是蟄伏於此，潛龍勿用，韜光養晦？

信一不曾去想這個問題，他只知道，回到城寨就不能再闖禍，更加不可以帶麻煩給龍捲風。

城寨是他的安身地，但某程度來說，這座圍城，也讓他有一定的掣肘。

信一的內心還有沒有火？

他還想踏足江湖嗎？

信一不急於找答案，可他機靈的堂妹，似乎看透了他的心意。

的而且確，信一的堅持與規律真的叫藍男刮目相看；但她確信，她那底裡輕狂叛逆的堂兄並不真的那麼老成，裝個屁啊！

甘於平淡？他只有二十歲，如此年輕，不是該像威化般乾脆嗎？怎可能活得像條浸了粥的油炸鬼般，軟趴趴的。

這一晚，信一在房間溫習課本，藍男突然走進來。

「喂！」藍男走到信一背後，大喊一聲。

「幹嘛不敲門！」信一彈起身。

「讀書讀到連膽子也沒了嗎？」

「有什麼事啊？」

「怎樣啦，打算報中大抑或港大？」

「讀大學要完成 A-LEVEL 的。」

「那讀完書有什麼計劃？打算在哪間會計師樓工作？」

「我沒說過要當會計師。」

「那你想做什麼？」

信一想了想，不作回答。

「幹嘛不回答我？」

「我發覺你最近很愛管我的事。」

「關心你不可以嗎？」藍男嗔道：「我能看出你的困惑。」

「我哪有困惑？」信一登時否認：「你不覺得我現在比以前開心嗎？」

「開心還開心，困惑還困惑，是兩件事來的。」藍男直勾勾望著信一：「你根本就想加入『龍城幫』，對嗎？」

「要加入的話，我回來那天就加入了。」

「因為你不想跟哥哥，怕被別人在背後笑你裙腳仔。」

藍男直接了當，刺中問題的最中心。

「你愈不想去面對，就愈該面對！難道你想就這樣一直逃避嗎？」

藍男所說的，信一怎會不知。只是他一旦正式成為「龍城幫」的人，早晚都會進入幫會核心，外面一定有很多閒言瘋語，說他靠龍捲風才能攀上高位。

信一沉默下來，藍男亦知道他的苦惱，但她的想法不同。

「信信啊，你何時變得如此優柔寡斷，瞻前顧後的？」藍男豪氣地說：「你知不知道，能夠成為龍捲風的親信，是幾多人夢寐以求的事？我倆跟他，更是超越了血緣關係的親人！這是上天給我們的最大禮物，你居然想拒絕接收，暴殄天物會折壽呀！你想想，嘉誠哥的兒子，會不會嫌棄自己的身份？不要矯情啦！」

信一細想藍男的說話，也不無道理。能成為龍捲風最疼愛的親人，是他們的命運，其實跟投胎到富人之家差不多，那是幾生修到的福氣。自己一再抗拒，只是不想一直在哥哥的護蔭下活著，自己給自己設限而已。

許多事情的答案其實很簡單，是人自擾之。

「如果不想被別人說你是裙腳仔，很簡單，超越哥哥就可以了。」藍男輕易把答案道出。

「哥哥是神人啊，超越他？你說得好像很容易。」

「神人也是人，他之所以會成為神人，因為他做出一些大部分人不敢做、沒能力做的事，所以世人就把他神化了。」藍男說得沒半點猶豫：「他可以，我相信你也可以！」

藍男的眼神，不是隨便說說，而是打從心底的相信信一。

「信信，我等待你超越哥哥——『成為比龍捲風更神的男人』！」

與妹一席話，勝讀十年書。十七歲的藍男，思想比一般女生成熟，或許在不知不覺間，她已承傳了龍捲風的智慧。

自此，「成為比龍捲風更神的男人」就成了信一的人生目標！

信一能否超越龍捲風？那是後話，第二晚，信一在位於黃大仙的夜校放學時，遇上了一件小事情。

外面正下著微微細雨，信一正要踏出門口，卻見一位女同學站在校內，沒有離開之意。

「蔣靈，沒帶傘子嗎？」

「我有啊。」跟信一年紀相若，紮了兩條小孖辮的女生帶點害羞。

「那我先走了。」

信一打開雨傘，正想踏出學校，蔣靈卻焦急地叫住了他。

「Simon……」

那是信一在學校裡改的洋名，滿老實的感覺。

「什麼事啊？」

蔣靈欲言又止，不時望向校外對面，一臉窘態，不知如何開口。

醒目的信一朝那方向去看，馬路對面站了三個男人，其中一個還怕人看不見他身上有紋身，穿了件開胸恤衫，露出胸前雙鷹刺青。

「你認識他們？」

「中間那個飛鷹，常常來騷擾我，有一次他一直跟著我到樓下。」蔣靈低著頭說：「Simon，你可不可陪我回家？」

「你想我裝你的男朋友？」

「嗯，如果太麻煩就算了。」

「不麻煩，小事。」

「還是不好了，如果他們以為你是我的男朋友，不知道會不會打你。」蔣靈一臉慌張：「聽說他們是黑社會來的！」

「黑社會嗎？」

「還是算了吧，我怕會帶給你麻煩。」

「都說不麻煩，別擔心啦！」信一打開雨傘：「一起走吧。」

「嗯。」

蔣靈正要從書包取出雨傘，卻給信一阻止。

「跟我同撐一傘，才像情侶。」

「嗯。」蔣靈低頭走到信一身旁。

「跟著我，走吧。」

信一跟蔣靈共撐傘子步出學校，女的怕得不敢抬頭，依偎在信一身旁，顯得更像情侶。

飛鷹看見這一幕，怒得雙目大瞪！

「飛鷹哥，原來這妹子已經有男朋友！」飛鷹旁邊的嘍囉門生說。

信一愈行愈近，飛鷹哥就愈看愈火。

當他們在飛鷹等人旁邊經過時，飛鷹終於清楚瞧見信一的五官，精緻得像個女生，跟飛鷹的長相差太遠了。

飛鷹只感自慚形穢，呆了下來，目送二人離去。

「好帥啊！」

直至門生的一句才把他驚醒。

「帥你媽的！」飛鷹摑了他一巴掌：「有沒有帶刀？」

門生從後袋取出一柄蝴蝶刀：「有！」

「待會等他落單，在他的臉上劃兩道疤痕！」

飛鷹此刻還未知道，自己即將惹上的，是個什麼人物。

3.2 火機

信一護花，與同學蔣靈踏上歸家之路。

蔣靈住在黃大仙的公屋，距離夜校大概二十分鐘的路程。

飛鷹跟兩名門生，一直從後尾隨。

「Simon，他們好像一直跟在後面。」蔣靈不敢往後望。

「嗯，放心，他們不敢亂來。」

「我剛才沒想清楚就叫你陪我，我怕他們會對你下手。」

「沒事，如果他們下手，我有辦法解決。」

「你有什麼辦法？他們是黑社會啊！開罪了飛鷹會好麻煩，萬一他查到你的住所地址，就大件事了。」

信一沒回答，心裡有點失笑：「他敢來我住的地方，他們就當真大件事了，哈哈。」他想到家中那位長輩，不禁嘴角向上翹起。

蔣靈一路提心吊膽，既驚恐又內疚，不曉得為何身邊的男同學像聽到什麼好笑的話似的，還在咪咪笑，一副處之泰然。

沒多久，他們就到了目的地。

「我到了。」蔣靈：「今天謝謝你！」

蔣靈瞄到飛鷹三人也停下了腳步，在不遠處的花叢旁邊吸著煙，不時往信一望過來。

「慘了，他們在這裡等待著！」蔣靈臉也發青。

信一望向三人那邊：「他們沒帶傘，頭濕了還在吸煙，哈哈！」

「別望過去、也別笑啊，飛鷹若知道你在取笑他，你就死定了！」

「我送你上樓。」

蔣靈住在八樓，信一把她送到門口，笑了笑，叫蔣靈不用擔心就轉身離去。

信一回到樓下的時候，雨已停，三人瞧見信一從大廈步出，即往他衝過去。

三個年紀比他大的人，凶神惡煞般走到自己面前，信一還淡定自若。

「三位大哥，請問有什麼貴幹？」信一溫然道。

「小子！你叫什麼名字？」飛鷹把身體貼近信一。

信一輕力按著他胸口：「大哥，不用挨得那麼近，你的嘴差點親到我了。」

「飛鷹哥問你的名字呀！還不回答？」飛鷹身邊的嘍囉門生大吼。

「大哥，我聽到啦，不用那麼大聲。」信一挖挖耳洞：「我叫 Simon。」

「你跟誰的？」

「我沒跟誰啊，我只是個夜校生。」

「原來是個 Kai 子！我叫飛鷹，跟『天義盟』刺蝟哥，黃大仙一帶都是我們環頭！」飛鷹一口氣「撻朵」：「那你跟蔣靈是什麼關係？」

「她啊……她是我的女朋友。」

「你以後不可以再跟她一起！否則我要你好受！」

「為什麼我不能跟她一起？」信一裝傻。

「我飛鷹哥看上的女人，誰也不可以打主意！」飛鷹以食指戳向信一心口：「包括你，聽到沒有啊，書獃子！」

「飛鷹哥，我沒打她主意啊，我倆是經過一番了解才自然開始的。」信一裝到底。

「大口！給他一點教訓！」

名叫大口的門生亮出蝴蝶刀：「小子！亂溝女是有代價的！」

大口在信一面前以拙劣手法舞動蝴蝶刀。

「大哥，別亂來，小心點啊！」這次信一是真的擔心——擔心他會脫手。

「知驚了嗎？但已太遲了！」

大口以為信一怕了自己，愈舞愈快，卻不知何時，手中刀突然不見了。

「刀呢？」大口愕然。

只見信一攤開右手，掌心多了一把蝴蝶刀。

三人互望著對方，從表情來看，似乎互相也看不清那柄蝴蝶刀為何會落在信一的手上。

「那書獃子懂魔術嗎？」飛鷹心想。

信一望望大口，又望望手中的蝴蝶刀，示意叫他取回。

眼前的人明明是個書獃子，大口卻又不敢貿然伸手取回刀子。

三個大男人，對著一個夜校生，居然膠著，傳了出去也太丟臉，故此飛鷹決定伸手取刀。

信一望著飛鷹露出傻笑，飛鷹一手取回小刀。

「小子！今日我放你走，我知你讀哪間學校！」飛鷹喝道：「走啦！」

「多謝飛鷹哥，那我先走了。」

信一遠去，大口才問飛鷹。

「飛鷹哥，我的刀何以會落在他的手上？」

「一定是你又笨又蠢，自己脫了手，剛巧掉落在他掌心裡。」

「呃，應該是這樣了。」

信一回到家後，洗完澡，在浴室的鏡子內望著自己的容貌五官，心裡暗自讚嘆。

「帥！」信一撥了撥劉海，然後裝出一副情深的表情。

信一陶醉於自己的長相之時，大廳的電話響起，藍男接聽。

「喂，我想找Simon。」

「Simon？」

信一耳朵靈敏，立時衝出廁所，奪去藍男手中的電話筒。

「找我的。」

藍男訕笑，索性站在旁邊聽她堂哥與女生對話。

「喂。」

「Simon，剛才沒事吧？」

「沒事，放心。」

藍男把頭貼近電話筒，信一推開她，以口形對她說：「行開啦！」

藍男卻賴死不走，繼續偷聽。

「我往樓下看到，飛鷹他們好像有對你亮刀，你真的沒事？」

「沒事啊，那是膠刀，他們只想嚇嚇我。」

電話漏音，藍男聽得一清二楚。

對於有人向堂哥亮刀，藍男一點也沒擔心，還扮了個鬼臉，細聲說：「好英喔！英雄救美！」還做了個嘔吐動作。

「蔣靈，我不跟你說了，學校見。」

「好的，學校見。」

掛線後，藍男拍了拍信一的手臂：「Simon，女同學嗎？」

「別多事啦！」

「你不是那麼老土找人來演英雄救美吧？」

「有個女同學被附近的小混混騷擾，我送她回家而已。」

「真的？」

「真的！」

「對啊！差點忘記你早已有女朋友！」藍男指指飯桌：「你的女朋友有信給你。」

信一飛快去取那封信，甜美一笑。

藍男看到他的表情，打了個冷顫。

「明明只見過幾面，根本沒開始過，她真的算是你女朋友嗎？」

「我們約定了，待她從外國讀完書回來，我們就正式開始。」

信一在泰國時，曾遇到一個去旅行的香港女孩，大家在相處的幾天內很投緣，然而女孩在信一回香港前已到了英國讀書，二人自此以書信來往。

「信信，其實有沒有想過，人家只是跟你開玩笑？」

「開玩笑會一直跟我通信嗎？」

「筆友也會通信的。」

「你懂什麼！」

藍男鬆鬆肩，不置可否。

她頓了頓，又再煞有介事：「信信……」

「又怎樣啊？」

「你……跟哥哥說了沒有？」

「你好像比我更緊張。」信一好奇：「為什麼你那麼想我加入『龍城幫』？」

「因為反正早晚你都要成為『龍城幫』的人，那就別浪費時間，快一點吧。」

「你真的很喜歡管我。」

「其實你知不知道，哥哥一直等你開口？」

「你好像知道什麼內情，說來聽聽。」

「有沒有發覺這兩年哥哥沒有理會過幫會的事？」藍男用上正經的語氣道：「帳

目慢慢交給你來處理，他亦沒有過問門生與其他幫會的紛爭，任由他們自行解決。」

「哥哥想下放權力吧。」

「那他為何要下放權力？」

信一其實早已想到，只是他沒有去求證答案。

「我知你想說什麼。」信一的智慧不下於他的堂妹：「如果哥哥一直也是『龍城幫』決策者，他日如果我加入了『龍城幫』，就會成為我身前一堵巨牆——既保護我，同時也阻礙著我。」

「你知道就好了，他根本一早就看穿你想加入『龍城幫』，亦知道你不踏出這步的原因，所以他決定放手不管。」

連藍男也知道，信一又怎會不知道？

藍男看不過眼信一一再浪費時間。

其實信一用了兩年時間了解幫會的收入及支出，已清楚摸通「龍城幫」核心問題，包括財務狀況，以及有沒有不清不楚的奇怪帳目。

用了兩年時間，信一總算對「龍城幫」的營運了解清楚。

藍男這麼一提，他也認為時機到了，不想再等了。

當下，信一就下定決心，走到下層找哥哥表明意向。

「你終於都開口了。」龍捲風吸著煙說：「雖然所有人都知你是我的親信，但我希望你可以把自己當成白紙一張，拿多一點落場的經驗。」

「你想我怎樣做？」

「『龍城幫』的勢力主要遍布九龍區，一直以來都甚少有人敢挑釁我們，直至近年，我放輕了幫會事務，任由其他頭目自行處理，就開始有不同的紛爭出現。」

一開始，外面的人對龍捲風放手幫會事務都半信半疑，直至道上再沒有聽過他的消息，人們就開始流傳，龍捲風萌生退意，下放權力，再不會理會「龍城幫」的大小事。

龍捲風沒作澄清，默認了外間的揣測。

「最近不同地區也有人惹我們『龍城幫』的麻煩，不過他們都只是上枱談判，不敢主動開打，你去拿多點經驗吧。」龍捲風：「阿鬼在你去了泰國的時候，就開始走上前線，以後你們兄弟倆一起搭檔。」

「好！」信一：「那你好好休息，我回去點算帳目了。」

「嗯。」龍捲風一笑。

信一離去之後，龍捲風才發現他遺留了牛仔褸在凳上，打算拿回給信一。

他把外套拿起時，裡面有一物掉了出來，噹一聲跌落在地上。

龍捲風彎身拎起一看，起初還不敢相信，當他定眼看了幾秒，心頭猛地揪了一下。

手中火機，似曾相識，刻在機身上的圖案，叫他難以忘懷。

那段狂吼的輕狂歲月，直如一道驚雷劈入腦海！

對龍捲風來説，那是最壞的年代，也是最好的年代。

那段駕著跑車像風飛馳的日子，是他狀態最高峰、最神采飛揚的時期。

想起跟昔日好友在公路上迎風疾馳的歲月，龍捲風不禁唏噓。

無法抹去的記憶，只能由它停留在那個時空裡面。

就在此時，外面傳來一陣敲門聲，把龍捲風拉回現實。

龍捲風開門，門外的人是信一。

「哥哥，我忘了拿外套。」

龍捲風把手中我外套交給信一，另一手拿著那打火機。

「這個火機，是那個教你刀法的椰子大叔給你？」龍捲風把火機遞上。

要很留心去看，才會發現那隻從來穩健的手，有微微的、稍縱即逝的顫抖。

「對啊，你怎知道的？」信一接過火機。

「猜猜而已。」

龍捲風望著信一一笑，那是個溫柔淡然，但夾雜了一點苦澀的笑容。

人生中，朋友、敵人、兄弟，川流不息的在你生命中掠過，很多都是過客，面目模糊不清，令人記得，又有幾個？

——有些人，停留短促，卻是永遠。

不知道他身在哪裡，也不知道還有沒有碰面的機會。

都不緊要吧，彼此活著安好，就已足夠。

幾天後，信一便開始跟隨同門參與「龍城幫」的活動。

一星期已經歷了三場講數，他跟阿鬼，都在後面充撐場面，當然沒有發言份兒。

在幾場講數之中，信一大概已掌握得到要訣，就是不可以讓步，否則便會被對方壓下來。

其實大部分江湖人都是為利益行事，沒錢賺的事，都不願去做。上枱講數，都是看看能否在對方身上拿到更多利益，所以他們大多都不願把事情升級至武鬥。

一旦演變成幫會武鬥，雙方就要花錢，這是大家都不希望發生的局面。

這是成人江湖世界的法則，跟信一以前的童黨生活有很大的差別。

信一以為，他的刀還要等待一段時間才能顯露鋒芒，哪知道時機卻又突如其來的出現。

這一天，藍男跟幾個女同學下課後，來到黃大仙的球場打籃球。

過了一會，藍男已感到有幾個疑似黑幫人物留意著自己。

「我們先休息一會。」

藍男收起籃球，跟同學到到觀眾席那邊稍作休息。

當藍男坐下來時，那幾個黑幫人物就朝她的方向走過去。

「東東，待會有什麼狀況，你們先走，然後幫我打電話給信一。」

「會有什麼事嗎？」東東一驚。

「有我在，沒事。」

那幾個黑幫人物來到藍男面前，其中一個，胸口有一雙飛鷹圖案，他對著藍男露出淫賤笑意。

「妹妹，來這裡打籃球也不跟我打聲招呼？」

「我又不認識你，為何要跟你打招呼？」

「我叫飛鷹，這裡是我的地盤，你入來玩，就要得到我批准。」

「對不起，我以為這球場是政府的，不知道原來是你飛鷹所擁有。」藍男白了飛鷹一眼，站起：「你們慢慢玩，我們先走了。」

「我有准許你走嗎？」飛鷹挨向藍男。

「你的口很臭呀！」藍男捏著鼻子：「滾開啦！」

飛鷹一怒，竟向她動手，二話不說就摑了她一記耳光。

藍男怒瞪飛鷹。

她的同學就趁機離去。

「連你的同學也棄你不理，今天你不吻我一下，讓我消消氣，別旨意可以走得出這球場！」

藍男倔強的目光瞪著飛鷹，看得他極不自在，然後，又摑了她一巴！

無故被打了兩巴，藍男難忍怒火，一腳就踢向飛鷹的下體！

「賤人！你去死吧！」

中了藍男的一腳，飛鷹痛得蹲在地上。藍男亦趁機跑掉。

「抓著她！」飛鷹大吼。

她一人之力，當然沒法同時對抗得了這三個漢子，所以她選擇逃跑，她亦知道，他們的麻煩很快就要來了！

與此同時，在家中的信一接到了東東的電話。

得知藍男被人打了一巴，信一的怒火狂飆，隨手拿走一把鐵尺就衝出門口。

十五分鐘之後，信一來到黃大仙球場，看見不遠處的藍男正被三人死命後追。

「藍男！」

信一大呼藍男名字，他那醒目的堂妹即走到自己身前。

「信信……」藍男喘著氣。

信一望著身前的藍男，見她臉頰紅了，明顯有個掌印，又心痛又憤怒。

「痛不痛？」

藍男擰擰頭。

暴怒的信一，見飛鷹三人，就祭出手中鐵尺，往前衝。

「你們幾個，今日死定了！」

飛鷹見到信一衝向自己，一時間也不知道他為何如此憤怒。

「Simon？」

信一衝到飛鷹身前，二話不說就用手中的鐵尺，拍打在他的嘴巴上！

力度猛烈，把飛鷹兩隻門牙打飛。

其餘二人見狀，即向信一動手。

可兩名嘍囉，又怎會是信一的對手，在他們正想出手之際，嘴巴同樣受了鐵尺拍打。

飛鷹不忿，撐起身又再上，鼻子又被鐵尺打了一下，鮮血隨之從鼻孔噴了出來。

三個倒在地上的人，嘴巴又紅又腫，也不敢再亂來了。

信一俯視著地上的飛鷹，蹲下來，抓住他的衣領。

「我不太喜歡你的樣子，以後見到我，自己轆路走！清不清楚？」

「小子，刺蝟哥一定不會放過你！」

信一再打了飛鷹一記耳光。

「我問你，清不清楚？」

「清你媽的！」這句又換來一記耳光。

這一巴力度其大，把飛鷹的大牙都打掉。

「清不清楚？」信一作勢又準備摑一巴。

「清楚！清楚！」吐出一隻大牙的飛鷹終於就範。

信一站起來就擁著藍男離去。

望著信一的背影，飛鷹死不忿氣，大吼：「Simon！你將會有很大麻煩！」

信一停下腳步，緩緩回頭，瞪著後面的飛鷹。

「你知我讀哪間學校，夠膽就帶齊人過來。」信一冷冷道：「我等你！」

3.3 野蠻

信一把藍男送回家後，看著她紅腫了的臉，眉頭大皺。

「痛不痛？」

「不痛。」

「你怎會走到黃大仙那邊打波？」

「因為……東東，她住那邊。」

「藍男，你當我第一天認識你？」信一篤破她的謊言：「你為何故意惹上那個飛鷹？」

「我沒惹他啊……只想看看，那是什麼來路而已。」

信一上次跟蔣靈講電話時，藍男偷聽得知飛鷹等人在信一面前亮刀，後來從阿鬼口中得知飛鷹是「天義盟」成員，盤據黃大仙一帶，時常在球場聚腳，於是就想去看看。

「你是好奇寶寶嗎？」信一捏著藍男臉蛋，把她的臉拉闊了。

「痛啊。」她也沒想到會挨巴掌。

「你要脱身，剛才一早就把他們甩掉了。」

藍男不作回答。

「不理你了，我去上學。」信一鬆開手。

「飛鷹知道你哪間學校，他一定會去找你的。」

「你覺得我會怕他？」信一失笑，摸摸藍男的頭：「我出門啦。」

「小心啊！」

「哈，最要小心的，應該是要提防你生事。」

藍男反白眼，向他扮了個鬼臉。

當晚，信一如常在夜校上課，並沒有什麼事情發生；直到放學時……

學校對面至少聚集了三十人！

他們當然是衝著信一而來。

信一在學校的大堂就已看見對面聚滿了大班黑幫人馬，個個惡形惡相，露出花碌碌的紋身。

「Simon，是飛鷹他們啊！」

站在信一身旁的蔣靈何曾見過這種場面，嚇得花容失色。

「待會你別過對面馬路了，從旁拐路走吧。」信一淡然說。

「那你呢？」

「我過馬路，往直走。」

「過馬路不就會跟他們碰面嗎？」

「如果他們來找我，無論我走哪條路，也會被抓到。」

「他們人多勢眾，你直接走過去一定會有危險。」蔣靈想了想：「不如留在學校裡，找老師幫忙報警吧。」

「報了警，他們這次散了，那下次呢？他們又來了，再報警嗎？」信一：「事情沒解決，他們一定不會收手，既然早晚也要解決，那就儘快吧。」

「怎麼你好像一點也不害怕？」

「害怕對事情有幫助嗎？」

「都是我不好，如果我不找你裝我的男朋友就沒事。」

信一拍拍蔣靈肩膀：「放心，我不會有事。你也不用擔心，不用內疚，這次真的不關你事。」

「怎會不關我事……」

「我不知從何說起，總之與你無關。」信一懶得解釋：「你看到我跟他們離去之後，就回家吧。」信一說完就步出校門。

蔣靈望著他的背影，忽然覺得這個外表斯文帥氣的同學似乎很不簡單。他很成熟很有氣度很冷靜，就算面對天大事情也處變不驚，不逃避，敢擔當。

面前等待著他的，是一班面目可憎的黑幫份子，蔣靈不能理解 Simon 何以還能如此淡定，不當作一回事。

到底這位同學有著什麼身份與背景？

他，難道不是尋常人家？

信一走到對面馬路，對著三十幾名大漢不為所動，當真有龍捲風的風範。大漢們沒有即時行動，信一就知道這班人只在裝兇作勢。

信一的氣定神閒，不似強裝，他們一時間也不敢對信一有任何動作。

「不要在學校範圍鬧了，我們行遠一點。」

信一不等他們回話，就往前行，他們只能隨尾後面。

明明只是個書獃子，卻不知何來膽識，半點怯意也沒有，大家已經覺得信一應該不會是個尋常之輩。

信一帶頭，離開了學校範圍，停下腳步，轉身二話不說，就向後面的飛鷹摑了一巴！

「我今日不是叫你以後見到我轉路走嗎？你當我的話是耳邊風？」

信一突然出手，而且力度其猛，中了一巴的飛鷹隨即倒在地上。

「動手！」倒地的飛鷹大喊：「動手呀！」

「動手？你們想清楚會有什麼後果！」

信一氣勢壓倒全場，出手之後還悠然地拿出香煙，全不把眼前三十人放在眼內。

「你們哪一個是刺蝟哥？」信一點起香煙。

這班人沒回應，信一就知道飛鷹的老大刺蝟哥不在這裡。

飛鷹本以為信一是個夜校生，所以並沒通知老大刺蝟哥，只找了一班同門兄弟過去，打算教訓他一頓然後向他討醫藥費。

沒料到，自己竟會在同門陪同之下再次被打，現場更沒有人敢向信一動手。

大勢都被信一一人控制住了。

信一的氣場把一眾都壓住，終於有一人敢站出來跟他對話。

「你把我的兄弟打成這樣，怎樣也要給我們一個交代。」

「你叫什麼名字？」信一主導了現場。

「我叫阿棟。」阿棟：「你是哪一路，叫什麼名字？」

「我叫信一——『龍城幫』信一。」

信一初入江湖，名頭還沒響起來，在場的都沒有聽過他的名字，可「龍城幫」就無人不識了。

信一擺出「龍城幫」的牌頭出來，即由私人恩怨升級到幫會鬥爭，阿棟等人就更加不敢亂來。

「你不是說沒跟人嗎？」飛鷹站在阿棟身後，怯懦地說。

「我什麼時候加入『龍城幫』也要跟你匯報嗎？我昨天才加入不可以嗎？」

一時間，阿棟也拿不定主意，就這樣放他走，「天義盟」的顏面何存？

「看來你們作不了主，致電給你們老大吧，我等你。」

當下，阿棟在附近的士多致電其老大刺蝟哥，告訴他事情的來龍去脈。

刺蝟哥得知事情，隨時致電「龍城幫」另一頭目，阿 Cool。

「喂，阿 Cool，我是刺蝟仔喔。」

「有什麼事啊？」

「你們『龍城』是不是有個成員叫信一？」

「是又怎樣。」

「你們的信一打傷了我幾個門生，有個叫飛鷹的，連大牙門牙也給他打飛了，

這個信一真的很會打呢。」

「你想怎樣？」

「今晚我們兩幫人約個地點出來談談這件事好嗎？」

「好。」

「你在九龍城，我在黃大仙，公平點，約個中間位置，兩個小時之後，摩士公

園足球場等，每邊二十人，如何？」

「就這樣。」

「最後給你一個溫馨提示，記得帶定武器，一個談不攏，就要開打啦。」

「好啊！」

掛線後，阿 Cool 便即找上信一，了解過後，不作一聲，似乎在思考對策。

「阿 Cool，事情因飛鷹而起，他向藍男動手在先，我只是向他反擊，錯不在我方吧？」

「按道理是這樣，但最麻煩今次驚動了刺蝟。」

「刺蝟是個什麼人？」

「麻煩人！他是個很好戰，非常喜歡惹事的人，事情明明可以和平解決，他卻偏偏愛用武力，每次一定要見血才開心。」

「他很好打嗎？」

「說不上很好打，但江湖人打架都是打氣勢，一動起手來，他就好像入了魔，非常兇狠，聽說他曾經在對手身上狂砍，把他的手腳斬斷仍不肯收手，足足砍了四十多刀，連刀也崩了才肯停下。」

「被他砍的人最後死了？」

「刺蝟每刀也避開要害，只傷不殺，那個人最終成了四肢殘缺的廢人，所以莫說是對家，就連他的同門也對他避而遠之，盡可能也不把他拉出來。」阿Cool皺著眉：「信一，現在的問題是，你好像成了他的目標。」

信一卻仍一臉淡然。

「他約了我今晚談判，但無論最後談成怎樣，他一樣會開打。」

「既然他愛見血，那就打吧。」

「信一，你不一定要落場的。」

信一始終是龍捲風的親信，萬一他有什麼閃失，阿Cool實在擔當不起。

「這次事件跟我脱不了關係，如果我不出現豈非很窩囊？不行不行！」信一搖頭：「要打一起打！」

在旁聽著的藍男當然知道此行有一定危險，可她又不能叫他龜縮在家，這實在太窩囊怕死，太廢物了。

「你要去，我不會阻止，待會你站在我身後，如果真的感到太大威脅，就自己找路走，千萬別逞強，知不知道？」

「知道了。」

阿 Cool 比信一年長五、六歲，做事很有條理，雖然武值不及阿潮，但由於好說道理，相當照顧兄弟，故在幫會深得民心，評價甚高。

今晚的事情，阿 Cool 實在不想信一親身落場，但又理解他的憂慮。信一跟龍捲風的關係，在幫會難免會有不同的待遇，如果每次有危險，也不在現場，信一在幫會還有什麼立足地？以後還有人會信服他嗎？

阿 Cool 絕對理解信一的心情，故此亦沒作出阻攔，只叮囑他要別逞英雄，遇到危險要執生走位。

至於藍男，她知道今晚似乎難免一場械鬥，從阿 Cool 凝重的神色就可感到那個叫刺蝟的，是個相當難纏的傢伙，信一實戰經驗尚淺，會是他的對手嗎？

事情始終因藍男而起，她難免有所內疚及擔心。

一小時後，阿 Cool 帶隊，踏入摩士公園。

「信一，待會主要由我跟他們談，你輔助我。」

「沒問題。」

「不用緊張。」

「我沒緊張啊。」

阿 Cool 似看來比信一更緊張，帶隊的始終責任較重，加上對方的目標是信一，為阿 Cool 帶來更大的無形壓力。

反而信一真的半點緊張也沒有。

信一望望身後拿著一個大袋的阿鬼。

「阿 Cool，我想先拿一柄刀。」

「你自己小心，別傷到自己。」

「知道了。」信一向阿鬼示意。

阿鬼從大袋裡把一柄西瓜刀遞給信一。

信一把刀插在後腰，以長褸遮蓋。

阿 Cool 等人走到大球場那邊，遠遠就見到對方已經來到，並輕鬆地踢著球。

當中一個留著長髮，中等身材，控著球左穿右插，大腳射向龍門，然後高舉雙手大叫，陶醉在自己的世界之中。

「刺蝟哥，他們來了。」阿棟走到長髮男旁邊說。

一頭長髮的刺蝟哥撥撥頭髮，看見「龍城幫」的人步近，發出傻傻一笑。

阿 Cool 等人來到他們面前，刺蝟哥卻沒望他一眼，在點算「龍城幫」有幾多人。

「一個兩個三個四個……二十個。」刺蝟哥笑笑，輕力拍了阿 Cool 胸口一下：「不多不少，二十人，阿 Cool 你真的很有信用！」

「別浪費時間了，我們入正題吧。」阿 Cool 冷冷道。

「別心急。」刺蝟哥橫視一眾，視點停信一身上：「你就是信一！」

「嗯。」信一喉頭發出嗯一聲，算是回應。

「嘩！是個美男子啊！你們『龍城幫』是帥哥集中營嗎？怎可以個個都那麼帥！」刺蝟哥挨近，打量信一全身：「眼睫毛很長！皮膚很幼細，手指細長。」

「刺蝟，別廢話了，開始談判啦！」阿 Cool 打斷。

「長夜漫漫，別急在一時啦，我有重要事問他！」刺蝟摸了摸信一的牛仔褸：「這件外套超好看！在哪裡買的？」

「忘記了。」

「哎呀！可不可借我穿下？」

「別摸啦！」信一拍開刺蝟的手。

「不摸就不摸！」刺蝟嘟囔：「待會殺了你，從你身上脫下來就可以了。」

刺蝟的說話極具挑釁，信一只覺這個外面嬉皮笑臉的人，相當乞人憎。

「你到底還談不談？」阿 Cool 已經很不耐煩。

「好！那就入正題！」刺蝟突然板起臉：「信一放下一隻手，今晚的事就算數。」

「打他幾巴就要斬人一隻手？你都相當霸道！」

「我最疼愛這個門生，他受傷，我心痛！要他一隻手，已經是最便宜了。不過我刺蝟最喜歡給別人機會……」刺蝟望向信一的手：「信一的手那麼漂亮，人又那麼帥，五十萬，保他完好，是不是很超值呢？」

「五十萬？摑他幾巴就五十萬？」阿 Cool：「你真傻還是假癡？」

「你完全搭不上話！」刺蝟望著信一：「信一，你說，自己的手值不值五十萬？」

「值，豈止五十萬！」

「還是你明白事理！」刺蝟拍起手來。

「我的手，因為打了你最痛愛的門生，而要作出賠償，很合理。」

刺蝟猛力點頭。

「那飛鷹的手，打了我世間上唯一的堂妹，該要賠一百萬！」信一大言不慚：「一百減五十，你們倒欠我們五十萬。」

由刺蝟提出賠償條件，信一就知道他根本無意和解。

刺蝟要耍無賴，信一一於奉陪到底！

「一百萬？」刺蝟把飛鷹拉出來，舉起他的右手：「他的手值一百萬？」

「他醜陋的手當然不值。」信一怒瞪刺蝟：「但我堂妹美麗的臉絕對值這個價！敢動我堂妹，還夠膽約我們出來談？今晚他不留下一隻手，別旨意可走出這個球場！」

阿 Cool 沒想過，信一竟可比刺蝟更野蠻！

他這野蠻狠勁，跟龍捲風居然同出一轍。

不知道還以為當日他身在現場，把龍捲風那套學個徹底。

——像透了，這對沒血緣的父與子。

信一詞鋒銳利，霸氣橫溢，竟連刺蝟也為之一怯，退後了兩步。

「嘩！很有台型，很有威嚴。」刺蝟邊拍手邊後退：「我真的怕了喔。」

刺蝟一直後退，阿 Cool 已感不妥。

「拿傢伙！動手！」

阿 Cool 一聲令下，同門隨即從阿鬼放下的大袋裡抽出利刀。

與此同時，刺蝟亦發施號令——

「別弄破信一的外套，殺他媽的一個片甲不留！」

刺蝟雙手指向前方，門生就從後背抽出刀刃，一湧而上。

信一的大褸揚起，背門的刀已握在手上。

銀光一閃，信一要出刀了！

「大叔，現在就要用你教我的刀法了。」

3.4 極道紅豆沙

大概兩年前，信一跟大叔即將分別之時，曾經有過一段對話。

「信一，我可以教的，差不多你都全學會了，日後落場實戰，就要靠你自己了。」

「大叔，你刀法這麼厲害，栽在你手上的人一定不計其數，你應該也有很多對戰經驗吧，有沒有什麼秘訣可以提點一下？」

大叔又怎會不知，信一在試探自己的過去。

他望向這個有點小聰明的小子，笑而不語。

大叔的笑容，含有大量信息，也有太多的欲言又止。信一雖然不全然理解，但他卻知道眼前這人對自己相當包容，就算有話冒犯了他，也不會令他生氣而放棄教授，所以才夠膽有意無意間打探他的過去。

這種包容，甚或稱得上縱容，以往信一也曾在另一位長輩身上感受過。

「落場太多變數，你可能會遇上以一敵眾的情況，若果這樣……」

信一留心細聽。

「走！不要逞強。」

「吓？」

「保命要緊，有什麼問題？」

「那你有試過臨陣逃跑嗎？」

「沒有。」

「為什麼？」

大叔沒回答，心裡笑了，差點被信一這古惑仔陰到。

信一同時偷笑了一下，原來無論多成熟、多沉穩的男人，也會像個孩子，不甘示弱。

這句話讓信一知道，大叔也曾上過戰場，那他應該也是江湖中人！

「信一，最後給你一個忠告，回港之後，別胡亂出手，學會忍耐、學會沉著，刀未亮就要寂天寞地，一出刀便要鬼神辟易——震懾每一個魂魄，讓與你為敵的人知道，自己惹了一個不該惹的人物！」

眼前有五、六個手執刀刃的人往自己衝殺過來，信一吸一口氣，提刀闖入敵陣。

信一出手的第1秒，「噹噹」兩聲，兩柄利刀掉落在地。

第2秒，響起了一聲慘叫。

第4秒，鮮血飛濺，一人倒地。

第6秒，兩聲刀鋒交擊響，然後又有兩柄刀飛落。

第8秒，信一來到刺蝟面前。

第9秒，刺蝟咧嘴一笑，向信一橫劈一刀。

第10秒，「噹」的一聲。

第11秒，刺蝟只感握刀的手被一股力量反震。

第11.5秒，一道疾勁的刀光急取刺蝟。

第12秒，刀光在刺蝟的頸前停下。

「全部停手！」刺蝟大吼。

當場中所有人回過神來，就見到信一的刀停留在刺蝟頸項這個靜止畫面。

阿Cool等人甚至還沒出手，戰局已被信一平定。

刺蝟望向頸項上的刀，居然還可以笑得出。

「如果你沒及時收勢，我的頭已被你斬下來了，哈哈。」

「我給你一星期時間，我收不到五十萬，我會來向你討債，到時我不會再留手。」

「好的好的，現在肉隨砧板上，你說什麼也是對的。」刺蝟笑笑：「我投降了，你先把刀放下，好不好？」

信一盯著這神神化化的人，只覺得非常討厭，但對手既然已認輸，他亦拿出大將風度，把握刀之手垂下，眼神一直沒離開過刺蝟。

刀鋒離開，在刺蝟頸項留下了一道細淺的血痕。

正常一個人，遇上當下情況一定嚇個半死，可刺蝟雖然認輸，但信一感受不到他有一點恐懼。

簡單點說，怪裡怪氣的刺蝟無懼死亡，這種人，要如何對付他？

信一把手中刀掉在地上，就是讓刺蝟知道，沒刀在手，一樣可以壓得下你！

「沒刀在手，仍然不失氣勢。」刺蝟橫刀在胸：「不知道我現在出刀，能否取你性命呢？」

「你可以試試。」信一木然道。

信一在等待刺蝟出手。

刺蝟也在思考，如果向手無寸鐵的信一動手，到底會有什麼後果？

二人的距離，刺蝟揮刀就可以砍入他頸項、胸口、腰間任何一個部位，殺敗這名少年。

信一可有能力抵擋嗎？

刺蝟不確定，但又躍躍欲試。

這兩個人一直對峙，膠著了好一陣，阿 Cool 也不知道信一在打什麼主意，明明已經贏了，大可在刺蝟身上留下一道刀痕，以完勝的姿態離場。

阿 Cool 比信一更緊張他的處境，一個搞不好，有什麼閃失，就會為自己陷入險境。

信一望著刺蝟良久，終於吐出說話：「你跟你那個飛鷹，以後見到我就自己轉路走，知道了沒有？」

信一這段話似乎觸及到刺蝟的底線，堂堂一幫頭目，如果這樣也能容忍，以後還如何服眾？

一直都嬉皮笑臉的人，終於收起了笑容，面部肌肉明顯抽搐了一下，握刀之手勒勒作響，已動殺意！

刺蝟的眼神從信一臉上移向他身後，殺意卻一瞬即逝，再次轉換上那誇張的笑容。

「勝者為王，信一哥你刀法如神，刺蝟仔實在心服口服！」

刺蝟說完，放下手中刀，趁著信一放下警覺，突然給他熊抱！

與此同時，飛鷹及阿棟提刀砍向信一的背門。

「信一小心！」遠處的阿 Cool 發覺不妥，卻來不及衝過去了。

「嘿，你死定了！」

熊抱著信一的刺蝟，突然感到腰間一痛，立即鬆開信一，低頭一看，腹肚被劃了口子，鮮血從傷口狂湧出來。

接下來響起兩聲慘叫，兩個倒地的人，痛得不住翻滾。

身後的飛鷹及阿棟同樣失去一臂，失控的血花如壞掉的水龍頭，猖狂噴灑，全場人都被這一幕嚇呆。

斬斷他們兩臂的人，當然是信一。但他上一秒還被刺蝟熊抱，下一秒就已傷了三人，信一到底如何做到？

更令人疑惑的是，信一什麼時候握刀在手中的？

「我明明抱著你，為什麼你手中突然多了把刀？」傷了的刺蝟大感困惑：「難道你是魔術師？」

信一矚了刺蝟一眼：「我給你一星期時間，期限一到我收不到錢，你們會很麻煩。」

說完轉身就走，來到飛鷹旁邊，俯視著地上慘叫的他。

飛鷹跟信一的眼神接觸，就害怕得不敢直視。

「對不起！對不起！」

「是你自找的，怪不得我。」

信一繼續往前而行，走到阿 Cool 身邊，點一下頭，點了根煙，舉手投足竟已有龍捲風的風範，不同的是，眼神中添了一份年輕人的傲氣。

阿 Cool 出道的時侯，信一還是個憤世疾俗的怒火少年，一眨眼就變了個霸氣橫溢的黑道強人。

最恐怖的是，這個技壓全場的人，只不過是個二十出頭的青年！

第二日，信一平地驚雷，神技已在江湖流傳。

有說他會神打，請神上身刀槍不入才可從敵陣中穿梭游走。

亦有說他會變魔術，在臨危關頭憑空變了把刀出來，擊敗刺蝟等人。

不管哪一種說法也好，結論都是一樣——「龍城幫」出了一位耀眼的黑道新星。

「龍城幫」之所以能一直強大，最大原因當然是龍捲風。

但不少人在說三道四，說什麼一個「龍城幫」就只靠一個龍捲風撐起，沒了這位神人，「龍城幫」就只是個蜀中無大將的夕陽幫會。

這個說法，止於昨晚。只因信一的出現，一切都變得不一樣。

——拳有龍捲風，刀有藍信一。

信一將會是幫會未來二十年的主力台柱，扛起「龍城幫」半壁江山！

打後數天，關於信一的一戰不斷發酵，而且愈說愈誇張，把信一吹捧到刀神一樣，每個提起此戰的人，都言之鑿鑿，彷彿置身現場。

有人吹捧，亦有人質疑，有些人都不太相信一個年紀輕輕，剛出道的新人擁有如此神能。

不少人也藉意挑釁「龍城幫」，想見識一下信一的實力。

他們想見，信一卻偏不出現，之後都沒有參與過任何幫會紛爭談判，為這少年增添一份神秘色彩。

直至此戰後一星期，刺蝟沒有在限期之內交出五十萬，信一就獨自闖上了對方的麻雀館地盤。

信一甫踏入麻雀館，刺蝟便命令門生清場拉閘，裡面至少埋下廿名大漢，打算在裡面跟信一進行一場困獸鬥。

二十分鐘之後，滿身是血的信一從麻雀館走出來，手中拿著大袋現金。

沒有人知道這二十分鐘發生了什麼事，那二十分鐘到底有多血腥恐怖？一直都是個謎。

只知道那個晚上，有十幾個大漢走到一間黑市醫院求醫，希望駁回被斬離身體的斷肢。

信一身上的血，全都是來自他的對手。

沒多久，江湖上便有人為這少年起了一個綽號，一個將會震撼著整個香港黑道的綽號——

龍城第一刀！

「龍城第一刀，這個名起得不錯。」

消息當然很快就傳到龍捲風的耳邊。

說過放手就放手，所以龍捲風一直沒過問信一跟刺蝟一戰的事情，直至「龍城第一刀」這個封號出現，才出於好奇，想知道信一那一晚到底有多神。

這夜，龍捲風把阿鬼召到家中，想要在他身上了解當晚的實況。

他還親自煮了糖水，把一碗熱騰騰的芝麻糊放在阿鬼面前。

這碗芝麻糊由黑道巨人龍捲風親手泡製，阿鬼只感受寵若驚。他很少機會跟龍捲風獨處，如小學生面對訓導主任，正襟危坐，不敢拿起湯匙。

「你不喜歡吃芝麻糊？」坐在阿鬼對面的龍捲風說。

「喜歡，喜歡。」阿鬼。

「喜歡就吃，邊吃邊談。」龍捲風微笑說。

阿鬼拿起湯匙，舀了一口芝麻糊，不吃猶自可，一吃，不得了！他早就知道龍捲風廚藝了得，沒想過連糖水也如此美味。

「好吃嗎？」

「超好吃！」

「慢慢吃。」龍捲風：「那晚的情況到底是怎樣的？」

「其實我也看不清楚。」阿鬼：「那晚信一闖入敵陣，我根本不知他如何出手，便見對方有幾個人的刀刃掉了下來。再眨了兩下眼，他已走到刺蝟的身前。」

龍捲風邊聽阿鬼的憶述，邊腦中試著重組當晚信一對敵出山刀的畫面。

「由踏步開始，到走近刺蝟身前，不到十秒。」龍捲風心想。

「信一走到刺蝟身前，刺蝟向他橫劈一刀。再下一個畫面，信一的刀已架在頸項上。」

龍捲風合起眼，在那個電光火石間，信一的身影跟他另一位老朋友交疊起來。

廿多年前的某個月夜，那位朋友，都曾經也以刀刃架在自己的頸項上。

「信一明明已經掌握了戰局，為何還要掉下手中刀？」阿鬼一臉困惑。

「因為他對敵人，還留有慈悲。」龍捲風：「如果對方沒有下一步動作，信一真會就此作罷。但既然那個刺蝟動了歹念，那就沒必要留手了。」

對於信一的手段，龍捲風是絕對認同，因為他自己也是這個作風：盡可能都留給對方一條生路，但若對方還不識時務，一再挑戰自己底線，那就以最殘暴的手法，成為別人的恐怖惡夢。

「我還有一個疑惑。」阿鬼。

「什麼呢？」

「信一被刺蝟熊抱著時，明明手中無刀，為什麼在千鈞一髮間會突然變了把刀出來？我問了他幾次，他都笑而不答，叫我自己猜。」阿鬼抓抓後腦：「我想爆頭也猜不透呢！」

「哈哈哈哈！」龍捲風少有開懷大笑。

阿鬼當然不知道他笑什麼。

「阿鬼，有沒有聽過袖裡刀？」

「有！」阿鬼恍然大悟：「難道信一當日把刀藏於袖裡？怎可能啊？」

「記得信一還是個屁孩時，我曾經把一柄玩具塑膠刀藏袖裡，然後以快速手法把膠刀從袖抽出，當時的他看得目定口呆，真的以為我能憑空把刀變出來。」龍捲風回想起當日的畫面：「後來我以慢速在他面前再試一次，他知道真相後便日夜鍛煉，終於用了四天時間練成。」

信一對「武學」的專注，原來從小已經開始。

龍捲風真想不到，那種戲法，竟然在真正的戰場上也適用。

龍城第一刀成了這兩個月的黑道熱話，信一有台型有實力，而且是龍捲風的親信，擁有得天獨厚的優質條件，假以時日，必定能成為呼風喚雨的教父級人物。

江湖人跟紅頂白，不少人慕名而來，希望能成為信一的門生。

他們大多來自其他幫會，更有的年紀比信一大上一截，全都不介意跟隨一個出道不久的少年，因為信一確實是近十年來最矚目的新人。

可全都被信一拒絕，因為他認為自己經驗尚淺，還不想急速擴張自己勢力，怕自己控制不來。

所以對於拜訪者，他都派阿鬼一一推卻，從沒跟他們接觸會見。

直至今晚，終於有一人邀請到信一會面。

夜總會的包廂，信一呷了口威士忌，跟面前的老江湖說。

「Tiger 叔，今晚找我見面，請問有什麼要事呢？」

「大家快人快語，我也不轉彎抹角。」Tiger 叔：「我想跟你合作搞生意。」

「『架勢堂』人才濟濟，何以要找我呢？」

「實不相瞞，最近『架勢堂』出現了一些亂子，我想你可以助我一把——對付關公！」

信一當然不會忘記這個曾在自己背門打了八口大釘的人。

「關公做了什麼，令你想剷除他？」信一單刀直入，想先清楚了解 Tiger 叔跟關公之間發生了什麼事，再考慮是否介入。

「你接觸過關公，應該知道這個人瘋瘋癲癲，難以控制。」Tiger 叔既想找信一助拳，故沒打算對他隱瞞，續道：「我知道這頭瘋狗總有一天會背叛我，所以我對他早有防範。他在幫會人緣不太好，對我本來並沒太大威脅，不料他在這半年參與了幾場金鋪劫案，賺了點錢，招兵買馬，把他的人帶入『架勢堂』擁兵自重，下一步就想拉我下台。」

「Tiger 叔，你會否太敏感？」

「像我這種人，好聽一點就是老江湖，說白一點，就是老屎忽。」Tiger 叔笑說：「我們混了這麼多年，如果連自己的小弟有沒有叛變之心也看不出來，我還有資格坐在這位置嗎？」

說的也是，Tiger 叔不靠武值，卻能一直帶領著「架勢堂」，靠的是商業頭腦，以生意人的手法經營，令幫會的財務穩健，一眾手足得以安穩過日子。

他認為，當黑道最終都是想賺錢，既然他有辦法把它當成一門生意來經營，就儘量避免動武。

久而久之，幫會內的成員，行事都比較溫和，萬事以和為貴。當然，也有少數像關公這些好戰分子，天生就喜歡惹是生非。

「你想我怎樣幫你？」

「説實話，我身邊的親信沒有多少個會打，關公的勢力一旦擴大，我怕我方擋不住他。」

Tiger 叔的輩份及年紀都比信一高很多，卻肯跟他説真心話，道出自己的隱憂，信一不禁對他好感大增。

「上次關公傷了你，其實我很想向你作出補償，不過之後你已離開香港，再沒機會跟你見面。」Tiger 叔開出盤口：「『架勢堂』在尖沙咀有不少夜場，我想你入線跟我合資，我會把部分股份配給你，由你當保安，我跟你一起經營，你當然不用出錢，賺到的，我會按股份比例分成給你。」

「但我沒做生意經驗。」

「放心，我會帶住你，你專心管理保安事務就可。」Tiger 叔：「另外，不論生意如何，每月另外有二十萬元給你們，作為『龍城幫』提供保安服務的酬勞。」

即是説，無論夜場生意賺與蝕，「龍城幫」每月也可以穩袋二十萬薪酬，這個數字，表現出 Tiger 叔的十足誠意了。

「你真有信心把保安權交給我？」

「論實力，誰敢質疑『龍城幫』？」

Tiger 叔不笨，如果信一這次肯出手助拳，他一定會帶上最好的人手同行。

問題是，信一為什麼要捲入這個漩渦之中？

信一在腦海中快速權衡利弊。

跟 Tiger 叔合作做生意，信一就可藉此成為老闆級角色。由 Tiger 叔出資，對信一來說，這門生意並沒有金錢上的風險，不過這個世上並沒有免費午餐，信一當然也要付出，Tiger 叔看上的，是他的人氣與實力。

這段期間，信一聲名大噪，如果「架勢堂」跟他達成合作，除了能以他制衡關公，更加可以為幫會注入一股朝氣。

Tiger 叔知道信一是個聰明人，亦知道要令對方相信自己，都得坦誠相告，只因雙方合作講求信任，若其中一方有所懷疑，就很難繼續談下去了。

所以對於信一的提問，Tiger 叔都如實回答，除了一點，Tiger 叔沒有主動坦然相告……

Tiger 叔篤信風水命理，每年都會找同一師傅看流年運勢。年初師傅告訴他本年將有一大劫，公司將會有內部鬥爭，事業會有大跌宕，過不了這關，很大機會被拉下馬，唯有起用跟龍有關、不過三十的青年，方有機會化劫。

那時候 Tiger 叔半信半疑，直至關公勢力在半年前急速擴張，吸納了一班膽正命平的狂徒，壯大了膽子，在某個場合借醉口出狂言，認為 Tiger 叔已經沒了雄心，早該退位讓賢，由他作新任龍頭，一定可以帶領「架勢堂」更上一層樓，走向盛世！

關公已揭露了狼子野心，Tiger 叔再不行動，就只有坐以待斃。

Tiger 叔麾下最得力的門生是忌廉哥，忌廉哥人緣不錯，有實力又有台型，算是幫會新一代的明星級人物，雖然曾經被龍捲風闖入場子，吃了一場敗仗，但仍無損他在幫會的地位，而且他與 Tiger 叔關係良好，有望接棒成為下任龍頭。

但不知兩人之間發生了什麼事情，大概在年半之前，關係變得疏遠，忌廉哥更有一陣子離開了香港，回來之後，大部分門生已經直接跟隨了 Tiger 叔，他亦失去了在尖沙咀的勢力，被幫會發配邊疆，留在砵蘭街一帶自生自滅。

關公曾經問過忌廉哥，以他的能力，大可以過檔另一幫會或再組織勢力東山再起，偏偏忌廉哥卻甘於留在砵蘭街，沒有擴展，亦沒有叛變，似乎要蟄伏於此，等待什麼。

他和 Tiger 叔何以兄弟鬩牆，亦只有他們倆自己知道。

現在 Tiger 叔的危機來臨，若此刻找上忌廉哥，實在顯得自己的實力太薄弱，也太不要臉了。

況且如果忌廉哥拒絕，Tiger 叔的底牌便露給關公，到時候關公只會更張狂，更肆無忌憚的挑戰龍頭權威。

所以 Tiger 叔是萬萬不可找忌廉哥幫手。

殫精竭慮，想了一整天，他終於想到了信一這位炙手可熱的江湖新貴。

信一沒即時答應 Tiger 叔，回到城寨，便跟龍捲風說起此事。

但龍捲風聽來聽去也好像聽不入耳，只顧忙著在煮他的紅豆沙。

龍捲風望著鍋中的紅豆沙，一臉滿足，然後舀了兩碗出大廳。

龍捲風把兩碗熱騰騰的糖水拿出廳，手指感到很熱，放在桌上之後忙把手指擺在耳珠上散熱。

「很熱很熱！」龍捲風吹了吹雙手，然後拿起湯匙試了一口：「以百年陳皮煮出的紅豆沙真是不一樣！」

信一皺著眉望著龍捲風。

「信仔，不要呆著，試試吧。」龍捲風催促道：「我知你喜歡紅豆沙才煮的，百年陳皮煮製，有今生無來世啊！」

「哥哥，我在跟你談正事啊！」

「知道了，Tiger 想找你助拳嘛，是我叫他找你的。」

「他找我之前已跟你說了？」

「說到底我還是『龍城幫』的龍頭，他要借人，當然先跟我說一聲。」

「那你怎樣回答他？」

「我說我名義上雖然是龍頭，但已很久沒理會幫會的事，現在我的主職是『城寨街坊福利會主席』，處理城寨民生事務已夠忙，『龍城幫』的事，我叫他自己找你談。」

「所以如果我答應他，你也沒意見？」

「龍城第一刀還要問我意見？」

「別要我啦。」

「我是認真的，哪敢要你？」龍捲風吃了口紅豆沙：「你這個月的風頭一時無兩，現在你派人出去問問那些年輕一輩，識你還是識我龍捲風？問十個，起碼八個會答龍城第一刀。」

信一斜眼望著龍捲風，然後露出一個沾沾自喜，非常狡猾的笑容。

「我明白了。」

「明白就最好。」

「你妒忌我，惱我搶了你的風頭！」

龍捲風差點把口中的紅豆沙噴了出來。

「你說是就是。」龍捲風沒好氣。

信一只是開個玩笑，但他還是很希望龍捲風可以給予自己意見。

「你真的不理我的事了嗎？」

龍捲風笑了笑。

「這個笑代表了什麼呢？」

「笑你傻。」龍捲風望向他：「以前你未成年，最怕我管你；現在你長大了，有名有姓了，卻反過來要我管？你不覺得可笑嗎？」

「我不是要你管，只是想聽聽你意見而已。」

「其實你心裡已有答案，對嗎？」

信一沉默下來。

「你什麼性格我怎會不清楚？要是不想答應 Tiger，剛才見面就已拒絕了。」龍捲風：「你找我談，不是想我給你意見，而是想我說出你心裡面的答案。」

信一繼續沉默，讓龍捲風說下去。

「信仔，我怎會不支持你？但你要成長，要更上層樓，就得學懂承受後果。作為一幫領袖，能打是重要，但更要的，就是下對決定。」

要知道，一個領導級人物，每天面對著不同的問題，到了重大關口就得親自下決定，決定了的後果，隨時影響大局，所以每行一步，都得深思熟慮。

信一明白，這一課，龍捲風撒手不管，就是要讓自己學會承擔。

信一雖然江湖經驗不足，但無可否認，他已有獨當一面的能力，接下來就要真正脱離護蔭，成為領袖，最終超越龍捲風！

「脱離，成為，超越」，是信一必然的路徑。

「嗯，我想清楚了。」信一正色道：「我會以『龍城幫』的名義——插旗尖沙咀。」

「你早就決定了。」龍捲風：「之後你需要什麼資源，可以跟我説，其他事情，別再問我了。」

藍男説得沒錯，有龍捲風這個沒血緣的親人，是他倆幾生修到的福氣。

信一知道自己比龍捲風幸福得多，同樣二十出頭，當年挑戰「青天會」，莫説要問意見，什麼支援後台都沒有，只靠一雙手臂，一個信念，打贏了一場近乎沒有勝算的硬仗，改寫了整個地下秩序的版圖。

與龍捲風傾談過後，信一舒了口氣，既然自己決定了再踏尖沙咀，便要用實力洗去當年的污點。

「哥哥，我一定會做場好戲，讓全江湖都知道，龍捲風的頭馬，足以稱霸尖沙咀！」信一心想。

「快吃糖水，冷了就不好吃了。」龍捲風只著緊他的百年陳皮紅豆沙。

「嗯！」

應了一聲，信一就拿起湯匙吃了一口。

一口紅豆沙，喚醒了舌頭上的味蕾，信一激動得像個卡通人物彈跳起來！

「好好味呀！」信一握拳大吼：「簡直是人間極品！又會打又懂廚藝又有頭腦，哥哥，這世上還有什麼可以難得到你？」

「你的表情很誇張，比阿鬼吃芝麻糊更誇張。」

「我天生面部表情就很豐富！」

「對啊，當黑幫浪費了你，當明星可能更適合。」

「真的嗎？」

「真。」

「嘻嘻！」信一笑得像個大孩子：「還是不好了，我當了明星，『龍城幫』便少了一名猛將，還是算了。」

「哈哈哈哈哈！信仔，你真的有情有義。」

「對啊，我很講義氣的！」

二人這次會面，竟然以一堆沒營養的對話作結。

世上應該只有信一與藍男，才會令龍捲風霸氣全消，像個尋常的中年父親，一些小事已足可令他開懷大笑。

3.5 夜王

第二天，信一致電 Tiger 叔，答應助拳「架勢堂」，入線尖沙咀。

Tiger 叔本來打算安排「架勢堂」的人全部退場，可信一認為，自己初到尖沙咀，人生路不熟，向他提出另一方案：

「Tiger 叔，我一到場就要『架勢堂』讓路，好像不太好，不如先由我們兩幫一起保安，如果我擔當不來，你好歹有個後著。」信一有節有理：「當然，我也不會佔你便宜，保安的薪酬我收一半就好。」

「那好，」Tiger 叔沉吟半晌：「不過薪酬不用減了，就之前所說。」

Tiger 叔採納了信一的提議，由兩幫人共同經營保安，幾天後，信一便帶了阿鬼以及三名同門走到 Tiger 叔的夜總會，與「架勢堂」的人見面。

這間名為大富翁的夜總會是香港相當有名的夜場，由 Tiger 叔跟另外兩位朋友合資經營。雖然還未到營業時間，但信一看見大廳的裝潢與格局，已經知道入得來消費的，都是花得起錢的豪客。

Tiger 叔把信一帶到一房間內，裡面早有幾個「架勢堂」人馬等候。

「介紹你們認識。」Tiger 叔與信一來到一個身型高大的中年男人身前：「這位是我得力門生——阿烈。」

阿烈向信一點了下頭。

「這位是『龍城幫』的信一。」Tiger 叔望向信一身旁的阿鬼：「還有他幾位兄弟。」

「烈哥你好。」信一向阿烈示好：「之後有什麼事，隨時吩咐我們就可以了。」

這裡的保安本來由阿烈負責，現在加入了「龍城幫」，信一怕對方心裡會感到不舒服，故一開口就給足對方面子。

「叫我阿烈行啦。」阿烈拍拍信一肩膊：「千萬不要這樣說，雖然我比你年長，但 Tiger 叔是因為你的能力才邀請你助拳，況且論名氣我也不及你，所以正確來說，是我協助你才對啊。其實龍城第一刀已經來了，我隨時退場也沒問題。」

「這裡是你主場，有你帶住我，始終比較好。」

從阿烈的說話，信一大概知道，他並非貪功之人，看上來應該接近四十，到了這年紀在道上還沒有名氣冒不出頭，只有兩個原因：一，實力不足；或二，沒有野心，也不願冒險，只想安穩過日子。

信一覺得他是後者。

信一在這個時候，終於明白 Tiger 叔為何會如此著急找自己，因為他身邊這個頭馬，沒半點老江湖的殺氣，一副上班等下班的模樣，遇上驍勇善戰的關公，不用直接交手就已輸了。

若非信一要求，阿烈也不會主動要求繼續留下來。

入夜之後，夜總會開始營業，每枱都坐滿了小姐與賓客，嬉戲聲與笑聲此起彼落，不絕於耳，更有明星在大舞池唱歌作樂。

幾千元一支的威士忌放滿一枱，幾個西裝客把酒當成白開水灌入喉嚨，有人放了大疊千元銀紙在桌上，只要小姐猜拳贏了就可以拿走一張，這群人揮金如土，一晚消費就高達十幾萬，窮奢極侈，毫不吝嗇金錢。看到這個畫面，信一心裡想起一個成語——紙醉金迷！

這就是香港「魚翅撈飯」的黃金年代！

當上保安的第一天，信一穿上一身黑色西服，只在觀察及了解場所的運作，阿烈把信一帶到一位名叫 Lily 媽的小姐作認識。

這位 Lily 媽，年約二十七、八，穿起高跟鞋與信一高度相若，五官精緻，艷壓群芳。

聽說，她曾經跟忌廉哥一起過。

「這位 Lily 媽，全個場她這一組最受歡迎，撐起了半個大富翁！」

「烈哥，不要給我戴高帽了。」Lily 媽把肩膀的頭髮撥向後背。

「我說實話而已。」阿烈望向身旁的信一：「這位信一，Tiger 叔重金禮聘過來的新任保安經理，相信你有聽過他的大名了吧？」

「龍城第一刀嘛，聽過了。」Lily 媽抬起下巴倨傲地說：「想不到你如此年輕。」

「往後多多指教。」

「我管小姐的，沒什麼可以指教你。沒什麼事，我去招呼客人了。」

Lily 媽以冷漠的語調說完就走。

「Lily 媽好像不太喜歡我。」

「不是啦，她不對客人的時候就是這副模樣。」

信一在夜總會上班的第一天，無風無浪地渡過。

信一助拳「架勢堂」的消息其實一直沒有對外透露，所以知道他在這裡上班的人不多。

另一邊，關公意圖把 Tiger 叔拉下馬的事情卻在江湖上散布流傳，被好事者蜚短流長。

Tiger 叔一直沒有作出回應，也沒有責備關公，他就更肆無忌憚為自己宣傳。

外間不少人認為，Tiger 叔已經回塘，只顧著做生意，身邊找個像樣的打手也沒有。

如今關公手握重兵，要迫宮奪位，是早晚的事。

當然，「架勢堂」背後還有幾個元老垂簾聽政，關公就算武力上力壓 Tiger 叔，也不代表就能推翻龍頭。

問題是，如果 Tiger 叔已知問題存在卻解決不了，最後演變成幫會內戰，定必為損兵折將，也帶來生意上的影響。

所以 Tiger 叔一定不可以讓內訌發生！

信一這股外來力量，就是避免內戰的重要一著。

信一答應了助拳，但他卻認為用不著大事宣揚。一來，他想低調地了解夜場運作，二來，在未有任何功績前，實在沒必要大鑼大鼓，打草驚蛇。

直至幾天後，一件小事情發生。

不少幫會已對尖沙咀這塊肥肉虎視眈眈，這晚終於有一幫人忍不了到大富翁找上「架勢堂」的阿烈。

本來阿烈打算退避，讓信一跟他們談，但信一卻想由阿烈探路。

於是，阿烈就跟對方展開對話。

「阿烈，『架勢堂』搞分裂，我跟你一場相識，也不想你們有事，我地雷最夠義氣，不如我入線尖沙咀，跟你們一起管理保安，你說好不好呢？」地雷意態張狂。

「你的意思是，你們『大龍堂』想要入線『架勢堂』的場子，跟我們共同擔任保安，我沒理解錯吧？」阿烈。

「沒錯！一旦關公打過來，有我們幫手，對你們也有好處呢。」

「要我們把保安權交出來，即是要把地盤割讓一半給你，這麼大件事，我作不了主。」

地雷見阿烈沒直接拒絕，即露出喜色。

「你作不了主，可以幫我約 Tiger 叔出來，我跟他直接會談。」

「你在這裡等等。」

說完，阿烈離開 VIP 房間，走到經理室，跟信一匯報剛才跟地雷的對話。

「信一，你是 Tiger 叔委派過來，你作代表，我想老頂也應該沒意見。」

「老江湖即是老江湖，Tiger 叔應該早就料到這種情況，所以就及早找上我。」信一心想。

「地雷在 VIP 房，你直接過去或是我先通知老頂？」

說到底阿烈也是「架勢堂」的人員，但他的態度就似跟自己無關，但責任全推給信一。

看來，Tiger 叔身邊真的一個像樣的門生也沒有。

「地雷是什麼來頭？」信一問。

「『大龍堂』的高層，在幫內算是有點名氣的風頭人物。」

「很會打嗎？」

「有點實力的，但肯定打不過你。」

「明白。」信一：「帶我去見他。」

信一點了根煙，就跟阿烈步出經理室。

來到VIP房，阿烈敲敲門，推門而進，裡面的地雷見到阿烈帶來了一個少年，有點莫名奇妙。

「地雷哥，這位是我們『架勢堂』的代表，你們慢慢談。」

阿烈說完竟就關門離去。

「地雷哥，你好。」信一坐到地雷對面。

地雷打量著這個少年，頂多二十一、二歲，怎可能是「架勢堂」的代表？

地雷以為，阿烈隨意派一個門生出來想打發自己，心中有火。

「小子，你老幾呀？」

「我嗎？」信一指著自己的鼻頭。

「這間房還有其他人嗎？不是你還是誰！」

「我也不知道自己是老幾，不過外面很多人也叫我老大。」

「你在耍我嗎？」

「沒有啊。」

「阿烈派你這乳臭未乾的小子來跟我談，即是看不起我啦！」

「我是乳臭未乾啊。」信一向地雷噴出口煙，正色道：「但我肯出來跟你談，已給足你面子。」

「你知不知我地雷是誰？」地雷怒目而視：「敢用這語氣跟我說話？」

「那你又知不知道我是誰？」

地雷準備向信一動手，將要對這小子作出教訓，卻被信一這反問愣住。

「你叫什麼名字？」

「信一。」信一霸氣外露：「道上的人給了我一個外號——龍城第一刀。」

龍城第一刀在這個月來風風火火，已成了江湖熱話，地雷當然也聽過他的傳聞，只是從沒想過他居然是個秀氣少年。

心想，眼前這個人，真的是龍城第一刀？

「龍城第一刀不是『龍城幫』的人嗎？怎會變了『架勢堂』的代表？」地雷懷疑：「小子，別要花招，怎證實你是龍城第一刀？」

「哈！你真的很搞笑，走到我的地盤，要我證明自己的身份給你看，你以為自己是誰？」信一：「你要證實，就用自己的方法。」

地雷皺著眉頭，消化信一的說話。

「不理解嗎？說白一點，你要證明我是不是龍城第一刀，只有一個方法——打！」信一又呼出一口煙，滿不在乎地說：「不過動手之前，你要想清楚後果，我老大龍捲風常常教我，出來混，盡可能以和為貴，但若遇上那些不知好歹的麻煩人，就要用實力告訴他們，自己惹了什麼人。」

信一靈氣逼人，連比他入世不知早上幾多年的地雷，一時間也不知如何答話。

地雷明明見慣了江湖上的惡人，就連關公此等惡人也不怕得罪，偏偏眼前的信一，卻散發出一種少見的獨特氣場，叫地雷不敢造次。

「想跟我當朋友，我樂意；要跟我開打，我信一支旗也隨時奉陪。」信一以溫和語氣說道。

如果聽完這句話，地雷還想要挑戰信一，那實在是太不智太愚蠢了。

這一晚後，信一入線尖沙咀的消息很快流傳開去。

信一既是龍捲風的頭馬，也是 Tiger 叔合夥人，身份特殊，不少江湖猛人也紛紛走到夜總會捧場，一睹其廬山真面目。

這一星期，見過的新面孔，是他出生以來的總和。

信一世故了，口齒便給、甚懂說話，見過他的人都對他大有好感，有老闆級人物甚至立即提出跟他合資搞生意，也有黑道背景人士自稱是電影公司股東，可以捧信一做電影男主角。

人類都是跟紅頂白的生物，愛買當頭起，前來巴結信一的人不計其數，個個走來都跟他稱兄道弟，有黑道的也有正行生意人，風頭一時無兩，連信一自己也不曾想過會如此深受歡迎。

信一坐鎮之後，夜總會生意連帶飆升，最開心莫過於 Tiger 叔。

有人歡喜，當然亦有人震怒，關公得知信一成功入線尖沙咀，成為風頭躉人物，鎮日怒得面紅耳赤，真正面如玄壇，走到砵蘭街找上他的同門兄弟忌廉哥。

「忌廉，我要幹掉信一，這次聖母瑪利亞也保不了他！」

劈頭第一句，就知他有多痛恨信一。

「關公，我知道你討厭信一，但動氣有什麼用？」吃著墨魚的忌廉哥淡然說。

「有什麼用？我就憑著這股怒火，一口氣殺入大富翁，把他撵出尖沙咀！」反觀關公氣沖沖吼道。

關公與忌廉哥，相約在一家打冷店消夜。

「你不是想當『架勢堂』的龍頭嗎？」

「是呀！為什麼突然這樣問？」

「想當龍頭，就別跟信一正面衝突。」

「你怕我會輸？」關公暴跳如雷，站起來大吼：「我現在就拉隊過去，今晚就打爆他給你看！」

「坐下！」忌廉哥鮮有厲聲喝道：「你可否冷靜一下，聽我說完為止？」

關公雖然生性暴躁，但他是真心相信忌廉哥這位兄弟；世上大概亦只有忌廉哥可以降服得了這頭蠻牛。

關公真箇坐下來，忌廉哥為他斟了杯啤酒。

「先喝口酒，平伏一下情緒。」

「我情緒很好！」

忌廉哥拿起杯子，與關公碰杯。

「來，喝一杯。」

碰過了杯，喝了口酒，關公稍為平靜了點。

「老闆！」忌廉哥大喝：「加一碟鵝腸！」

「忌廉，不要只顧吃東西，你到底有什麼對策？」

「首先，Tiger 叔委派了信一進場，你過去對付他，即是搞砸『架勢堂』的場子，到時候 Tiger 叔就可以在一班元老面前大做文章，大條道理將你趕出公司。」

關公沉默下來，消化著忌廉的說話。

「Tiger這老鬼知我跟信一有過節，早晚會沉不住氣找上他。」關公一怒：「他擺我門，引我入局！」

「嗯。」

「那怎麼辦？」關公心急起來：「我明明動一根手指就可以要了信一的命，現在卻拿他沒辦法？」

「不用急，我會想到法子。」

「什麼法子？」

忌廉哥沒回話，邊吃著鵝腸，邊在思考。

「怎麼了？」

忌廉哥依然沒理會關公。

「說句話吧。」

忌廉哥依然咀嚼著東西。

「別掛住吃啦！回我一句好不好？」

「你真煩！」

忌廉哥把鵝腸吞進肚子，不滿地望著關公。

「你再多說一句，我現在就走。」

關公自知不對，不敢再作催逼。

忌廉哥喝了口啤酒，盯著關公。

兩方大概沉默了一分鐘，忌廉哥再沒聽到關公那又吵又急的聲線，才開口說話。

「你學會沉默了嗎？」

關公像個乖學生點點頭。

「那我可以說了。」忌廉哥清清喉嚨：「過幾天你找幾位兄弟，到『龍城幫』的場子消遣玩樂，叫他們借題發揮，跟『龍城』的人起衝突。」

「之後就可名正言順跟信一開打！」關公一喜。

「沒那麼快，還有一點過程。」忌廉哥：「之後你需要作出一點犧牲。」

忌廉哥向關公說出接下來的作戰計劃，聽罷，關公瞪大了雙目，然後咧嘴大笑，笑得滿面皺紋，相當恐怖與粗糙。

「哈哈哈哈！有你這計劃，信一死定了！」關公大笑：「我的犧牲絕對值得！

來來來！我們喝一杯！」

關公拿起酒杯就大口喝下去。

忌廉哥笑了笑，似乎對自己的計劃，也有點信心。

信一還不知道，一場危機快要降臨在他身上，藥引一旦爆發，將會把他如日方中的事業與名氣，炸個四分五裂！

3.6 部署

夜總會雖然是靠小姐招徠生意，但大富翁這幾天的旺場，卻是多得信一。像是今晚，就有幾個江湖人走到大富翁找信一談生意。

「信一，我真的很欣賞你的才幹，過來幫幫我吧，價錢不成問題，只需開個銀碼給我。」一個身邊坐著美女的中年肥漢殷勤道，他的眼裡，好像只有信一，比絕色還要吸引。

「豹哥，你不要難為我了，我是不會脱離『龍城幫』的。」

「我沒叫你脱離『龍城幫』，我只想你好像幫 Tiger 叔這樣，過來我的場子幫幫手。」

「我已答應了 Tiger 叔暫時要全力幫他，再沒有空檔了。」

「不妨實説，我們公司快要進行分區辦事人大選，我對頭的勢力不容忽視，如果我的陣營有你支持，一定有助聲勢。」

「但我真的分身不暇。」

「不要緊，我不會花你的寶貴時間，你只要名義上答應幫助我就可以了。」

半年前的信一又怎會想到，自己的名字竟如此有價值。

「放心，保安費我會付足給你。」

「還是不太好。」

龍捲風曾跟信一說過，做人千萬別貪小便宜，也要小心利誘，無功不受祿，免費的東西是最貴的，信一一直謹記。

「你為何要拒絕我？這個協議你不會有任何風險及損失的。」

「豹哥，好多謝你看得起我，但我怕幫倒忙。」

「怎麼會？」

「你找我，是因為我今日夠名氣，但說不定過一陣子，我一落千丈，到時候就害到你了。」

「你如日方中，怎會發生這種事？」

「來，敬你一杯。」

信一拿起酒杯一飲而盡，笑了笑。

「好吧，我也不勉強你。」豹哥也回敬：「信一，我欣賞你為人，當你是我的兄弟了，他日有什麼需要，記得別客氣，你一句說話，我就赴湯蹈火！」

「那多謝你了。」信一站起來，整理一下西服：「你們慢慢玩，我出去工作了。」

信一步出房間，阿鬼就走過來。

「信一哥，王老闆在 VIP 房等了你很久。」

「這裡明明是夜總會，怎樣來這裡的人都在找我。」信一抓抓頭皮。

「你這期當紅嘛，個個都想來巴結你。」

「我快要變了大富翁的吉祥物了！」

「哈哈！」

每晚找上信一的人一個接一個，應酬他們有夠忙，跟這裡最受歡迎的小姐不遑多讓。

信一忙著他的夜生活事業，同一天空，位於九龍城的「龍城吧」，正上演一場口角。

事緣「架勢堂」的蝦米帶了幾個門生及女朋友來玩樂，其女友指，一名男子摸了她的屁股一下，女生不忿就摑了他一巴。

被摑的正是「龍城幫」的細輝，就這樣，兩幫人爭吵起來。

「細輝，我看在信一份上才來你們『龍城』的酒吧消遣，想不到你們好像沒見過女人，一看到我的咪咪就對她毛手毛腳！」蝦米說。

「蝦米，你別亂說，我沒有對她動過手！」細輝。

「我也不跟你糾纏，今晚這張單由你結帳，這件事就算啦。」

「說了那麼久，原來想吃霸王餐！你早說嘛，沒錢不緊要，我細輝當施捨給乞兒，過主啦！」

「我沒錢？我們『架勢堂』財雄勢大，你們的信一也要幫我老頂幹活！」

「你敢再說一句，我現在就清場跟你們慢慢玩！」

「『龍城幫』的場又殘又舊，走，我們轉場去巨人吧！」蝦米從口袋抽出幾張一百元鈔票，丟在地上擺款：「要窮人賠錢我怕折墮，還是付錢好了，今晚當我時運低！」

蝦米說完就拉隊離去，事情看似告一段落，豈料在四個小時之後，當蝦米從巨人吧玩樂過後，步出大街的時候，突然有輛小型貨車衝到他們面前，車廂內走出幾個蒙面刀手，向蝦米揮刀亂劈，身中十幾刀的蝦米，真如蝦米般倒在血泊之中。

其中一名刀手完事後，把幾百元鈔票擲在蝦米身上，才上車逃逸。

事件傳到關公耳中，震怒的關公隨即找上「架勢堂」的元老王九叔，把今晚發生的事情一一相告。

「九叔，不用多説，一定是『龍城幫』的細輝深深不忿，對蝦米動手！」關公對著元老王，壓下了怒火：「最近 Tiger 叔請了信一助拳，現在信一的人斬傷了我的門生，我找他，他一定偏幫信一，頂多賠錢了事，我沒辦法才打擾你老人家，這一次事關重大，如果 Tiger 叔要盲撐信一，『架勢堂』的兄弟一定不會服的！」

老屆七十，身型肥胖的九叔，喝了口濃茶，腦袋想著關公的說話。

關公是「架勢堂」公認的麻煩分子，他的說話當然不能盡信，但的而且確，不處理的話，Tiger 叔定難以服眾。

老人家想了半天，終於吐出說話。

「我明白了，我會處理。」九叔淡然道：「你回去啦。」

關公本來想問他怎樣處理，但找上九叔之前，忌廉哥千叮萬囑他別要催促這位老人家，只把要說的話說完就可，九叔沒問他任何問題，就不要再說。

「九叔，那我先走了。」

「不送了，拜拜。」

關公離開老人家的居所後，九叔拿起電話筒，打出一通電話。

「喂，Tiger，九叔啊。」

「九叔，有什麼事嗎？」

「今晚的事，你知道了嗎？」

「知道了。」

「你覺得怎樣？」

「其實我不確定是不是『龍城幫』的人幹。」

「你是龍頭，你來處理就好了，我打電話給你，不是要教你怎樣做。」九叔：

「我只是要告訴你，我不想公司花錢打仗，也不想手足心裡不舒服，可以嗎？」

「沒問題。」

「那就好了。」

「九叔，不用擔心，你自己好好休息。」

「嗯。」

掛線後，Tiger 叔皺著眉，點了根煙，望著坐在對面的信一。

「剛剛打來的，是『架勢堂』的元老王九叔。」

「他要你交人？」

「不是，他應該也知道這次事件跟你無關，但始終也涉及到『龍城幫』，所以一定要小心處理。」Tiger 叔：「我不是不信你，只是想再三確定，細輝是不是真的沒做過？」

「我問過他幾次了，真的沒有。」信一：「我們『龍城幫』的人做事很有分寸，他明知我正跟你合作，一旦動了關公的人，就會升級至幫會鬥爭，他絕不會如此不智魯莽。」

「不是細輝，你認為是誰？」

「除了關公自己，我想不到其他人了。」

「嗯，我也是這樣想。」Tiger 叔：「如果我放著不管，繼續留你在此，難免就會有兄弟不滿，說我不公不正，包庇外人！」

「到時候關公只要再煽煽火，就會為你帶來管治危機。」

「但如果得踢你出局，就默認了事情跟『龍城幫』有關，那時候我不向你動手，關公就會撲出來，跟你開戰！無論戰果如何，他代表幫會了出頭，就可順理成章彈劾我。」

「所以就算我現在自動退場，關公還是會有下一步行動。」

「這場內戰已經開始了，始終也把你捲進來了。」

「沒所謂，反正早晚我都會跟關公交鋒。」信一：「不過，這場戰事，關公背後還有個幕後軍師。」

信一想到的，Tiger 叔又怎會不知。

「忌廉哥，才是最難打的一個。」信一好整以暇：「Tiger 叔，不用擔心，我說過撐你就一定撐到底，難打照打！總之兵來將擋，見招拆招啦！」

說不擔心就是騙人的，Tiger 叔一旦打輸，隨時賠上龍頭大位。

但眼前的信一，又有種說不出來的感染力，令他感到安心，以及充滿希望。或許，這就是年輕人才有的朝氣力量。

第二晚，事情又再起了變化，關公旗下一間桌球室，被縱火了。

關公忍無可忍，當晚帶著一眾門生走到「龍城吧」，把針對信一的怒火，盡情發洩。

「動手！幫『龍城幫』的場大裝修！」

關公暴吼一聲，十幾名手持木棒的人便在酒吧大肆破壞。

裡面的客人即如鳥獸四散。

「關公，立即給我停手！」

今晚座鎮酒吧的，正是「龍城幫」的善戰成員阿 Cool。

阿 Cool 的一喝，居然可令暴烈的關公停手，二人對峙，大戰看似一觸即發。

「你幹嘛走來鬧事？」

「你們『龍城』放火燒我的場，我現在就要來還擊！」

「凡事講證據！」

「你們放完火，打傷我的保安，自認是『龍城』的人！」

「我跟信一查清楚再給你交代，現在給我滾！」

「你拿信一來兇我？」關公怒目圓瞪：「我當年一巴掌就可以摑死他！」

任何時候也氣得面紅耳赤的關公，明明跟阿 Cool 沒有過節，卻像跟他有什麼深仇大恨，青筋暴現，似要把阿 Cool 的頭顱錘爆！

關公的體格比阿 Cool 魁梧，而且渾身散發出一股野獸般的兇悍氣息，拚起來阿 Cool 也沒十足信心可以勝過他。

但對方走到「龍城幫」的地頭來撒野，阿 Cool 明知不是關公敵手，也得硬著頭皮上！

「傳聞『龍城幫』個個都一個打九個，來！讓關爺爺見識一下你們的厲害！」

五分鐘之後，酒吧一片狼藉，阿 Cool 等幾個「龍城幫」成員被打得滿身是血，倒在地上。

關公卻趾高氣揚，帶頭步出酒吧，在大門吐了口濃痰。

「吐！一班垃圾，『龍城幫』沒一個能打！」

阿 Cool 遇襲，跟一眾受傷的兄弟回到城寨的診所療傷。

五、六個漢子在診所包紮好傷口，然後吞雲吐霧，用尼古丁止痛。

信一趕到，步入診所就見兄弟們一臉瘀青。

「信一！」坐在一角的阿 Cool 喚道。

信一走到阿 Cool 前面坐下，只見他一臉瘀腫，右臂包紮了紗布掛在後頸。

「痛不痛呀？」信一皺眉。

「一點點啦，還忍得了。」

信一從口袋取了煙包，一支放在阿 Cool 嘴邊，一支自己叼住。

「關公有沒有跟你說什麼？」信一拿出火機，替阿 Cool 點煙。

「他說我們燒了他的場，所以來報復。」

「他的場是自己找人燒的。」信一吐出煙圈道。

阿 Cool 微感一愕。

「啊，他只是找個藉口跟我們開戰。」阿 Cool 也是聰明人。

「沒錯，他想當『架勢堂』龍頭，我卻站在 Tiger 叔的陣營，所以他的矛頭指向我。」信一：「今晚連累了你，不好意思。」

「我們同一幫會，說什麼不好意思。只是……」阿 Cool 欲言又止。

「你想說，我為了撐 Tiger 叔，被捲入了他們內戰的漩渦，好像不太值得？」

「嗯。」

「我自己當初答應助拳 Tiger 叔，已有想過後果。」信一：「當年關公因為我被哥哥教訓，在他的臉上打了八口釘，對我恨之入骨，早晚都找上我，如果讓他當了『架勢堂』的龍頭，以他的性格一定會不理後果，傾盡全力跟我們開打，既然這一戰早晚都會發生，那就讓它提早爆發吧。」

「那下一步你想怎樣做？」

「暫時什麼也不用做，你們好好養傷就可以了。」

「什麼也不做？」阿 Cool 帶點錯愕：「我們的場被關公掃了，如果不作還擊，一定會對『龍城幫』的威信受損。」

「這個我也知道。」

「那為什麼不還擊？」

「這場仗，我不想瞎打，今晚他掃了我們的場，明天我們又掃他的場，然後沒完沒了打下去，太虛耗了。況且戰事一旦升級，他就有藉口在『架勢堂』元老面前彈劾 Tiger 叔，說他助長我這個外人對付自己人，到時候我就不得不撤出尖沙咀。」信一：「上一次我在尖沙咀跌個焦頭爛額，這一次我背著『龍城幫』的牌頭走出去，絕不能輸。」

「那你有什麼部署？」

「關公拿了頭威，明天不會再出手的了，我們就等明晚。」

「等什麼？」

「等他放出消息，說我們『龍城幫』不敵他關公。」

「什麼？」

「阿 Cool，這次請你相信我，我是絕不會拿『龍城幫』這三個字來冒險的。」

阿 Cool 雖然不知道他有何對策，但他知道，信一一定比任何人更加著緊「龍城幫」，既然他已有打算，身為同門兄弟，也只有相信他。

不出信一所料，第二天關公就對外傳出消息，說信一忌妒他的才智，放火燒他的場；關公親自帶隊反擊，把「龍城幫」的人打個人仰馬翻：「龍城幫」受襲，他們的明日之星龍城第一刀卻因忌憚關公的實力而龜縮，不敢出來迎戰。

龍城第一刀的名頭，只在這兩、三個月間冒起，真正見過他實力的人不多，他真的一如傳聞般厲害？外間不敢質疑信一的刀法，只是好奇他為何不向關公還擊？

當天晚上，Tiger 叔去了大富翁找信一。

「信一，這次連累了你們的聲名受損，真的不好意思。」Tiger 叔：「『龍城吧』的損失以及你們兄弟的醫療費，由我來負責。」

「金錢上的損失，不算什麼，不用擔心。」

二人在經理室對話，Tiger 叔顯然感到焦慮，反之信一卻一臉從容。

「關公已經向『龍城幫』發動攻擊，絕不會就此罷休，接下來我們應該要反擊了吧？」Tiger 叔：「錢不成問題，你放心去打。」

信一聽得出 Tiger 叔的焦急，他只想借自己的勢力，盡快把關公這麻煩人解決。

「Tiger 叔，這一戰急不來，你要有個心理準備，接下來關公還會繼續進逼，但我們還要忍一下。」

「我找你幫手，就相信你的能力，所以我不會質疑你的決定。」Tiger 叔想了想：「你應該不會坐以待斃吧？」

「我當然會作反擊，不過能否順利進行，就得靠你 Tiger 叔了。」

「我？」Tiger 叔一愕。

「一旦開戰，致勝的關鍵當然要看兩方的能力，其次就是錢！」信一頓了頓，再道：「關公因為打劫了幾間珠寶店而暴發起來，才能招兵買馬，簡單點說，他之所以能突然強大，全因為有足夠資金，如果他的儲備被挖光，你認為他還有什麼籌碼打下去？」

「我明白你的戰略了，你想我找出他的『糧倉』。」

「沒錯，打劫回來的珠寶，部分一定已兌換成現金，這些見不得光的現金斷不會存進銀行吧？他一定放在某個地點。」信一：「但我真的沒這方面的門路，Tiger 叔你應該有法子吧？」

這一場仗信一雖然自願參與，但 Tiger 叔的態度就似把他推出前線，自己卻只作金錢上的支援，像把此戰的責任由信一自己背負，實在令他有點不太自在。

所以信一就要把其中一個勝負的關鍵問題推回給 Tiger 叔，好讓他自己也要承擔部分責任。

Tiger 叔也認為信一的提出合理，他已把聲名押注下去，沒理由什麼事都他一人扛起，如果連這事情也不答應，也就太縮骨，太不負責任了。

一個搞不好，信一撤走那就更加麻煩。

所以，Tiger 叔是不得不答應的：「好，這個問題就由我來處理。」

「愈快找到關公的『糧倉』，我們便可以愈早反擊。」信一：「Tiger 叔，這次靠你了。」

信一簡單幾句，就把致勝的責任推回給 Tiger 叔，說不上超高章，管用就夠。

眼前這個年輕人，有頭腦、有實力，更有城府，假以時日，當真不得了。

會議結束，信一跟 Tiger 叔步出經理室，在走廊剛巧遇見 Lily 媽。

「老闆。」Lily 媽機械式叫了 Tiger 叔一聲，白了信一一眼就拂袖而去。

「Lily 媽總是看我不太順眼。」

Tiger 叔耳語：「她跟忌廉有過一手，據聞她一直在等忌廉。你跟忌廉有過節，也難怪她。」

會面過後，Tiger 叔離開大富翁，信一獨自一人留在經理室，吸了一支又一支煙，腦袋不停運轉。

表面上，他的對手是關公，實際上，是忌廉哥。

這個對手很難打，因為他懂得用腦，要打倒一個用腦的人，必然要猜到他的想法，在他未出招之前，堵塞了他下一步。

堵塞不了，就要在他出招之後，作出拆招。

信一在腦海中沙盤推演，他盤算了多個假設，然後部署破解的法子。

他一直想一直想，直至把香煙都燒盡，天開始亮起來，他打出一通電話。

「喂。」電話的另一端，有一把熟悉的男聲。

「潮哥，起床了沒有？」

「嘩！龍城第一刀致電給我呀！」

「連你也知道了。」

「當然知道啦，我還在這裡大肆宣傳你在香港的事蹟，現在龍城第一刀在泰國很有名的！」

「別玩我了。」

「我是說真的。」

「沒你好氣。說正事，潮哥，我有事想找你幫手。」

「怎麼了，敵不過關公嗎？」

「我跟關公開打你都知道？」信一想了想：「一定是阿鬼跟你說啦！」

「我關心你的動向嘛，哈哈。我有什麼可以幫到你？」

之後，信一便說出請求。

「你不是找我單挑關公，有點失望。你要我幫手的事，放心，我會幫你準備。」

「我只是買個保險，也不一定會需要動用到的。」

「總之你一句說話，潮哥一定撐你！」

「潮哥，等我打垮關公之後，我們再在香港痛飲。」

「一定要啊！我已有兩年多沒回港了。」

「嗯，遲點再跟你聯絡。」

「信一，我看好你，打場漂亮的勝仗給我看！」

「沒問題！」

跟阿潮通電話過後，信一的腦袋終於可以暫且歇一下。

在信一部署反擊的同時，忌廉哥也在進行下一步計劃。

信一當保安的大富翁，是尖沙咀一線的夜場，相反，失勢的忌廉哥，只能委身一間位處旺角的二線的士高。

同樣是經理室，忌廉哥身處的這一房間就比大富翁那間細小得多。

在忌廉哥跟前，有一個不該在這裡出現的人，大富翁夜總會的當紅人物 Lily 媽。

「很久不見。」忌廉哥說出開場白。

「直接說啦，找我有什麼事？」Lily 媽一貫冷酷。

「那我亦不轉彎抹角了，你該知道關公正跟信一展開鬥爭，我想你拉隊過檔，暫時轉去我朋友灣仔那邊幫手。」忌廉哥：「每位小姐人工加倍。」

「好。」Lily 媽：「我不知道誰會跟我過檔，但我會逐一說服。」

Lily 媽的爽快答應，連忌廉哥也始料不及。

「謝謝。」

「就是一句『謝謝』？」Lily 媽眼神哀怨：「還有沒有其他話跟我說？」

「近況好嗎？」相當爛的問好。

「可以啦。」

「那就好了。」

「你真的很狠心。」Lily 媽幽幽地道：「當日說走就走，說不見就不見，再見就是利用我。」

看來傳聞是真的，忌廉哥的確曾經跟 Lily 媽有過過去。

「如果你覺得我利用你，那算吧，不用幫我，我再找其他人。」

「你明知我一句就一句，答應了就會做。」

忌廉哥選擇不回話。

「你就是這樣。」Lily 媽靜默半晌後開口道：「給我一星期時間。」

「一星期，差不多了。在你們辭職之前，我還有一件事情要做，這件事需要你幫手找人配合一下……」

忌廉哥說出這件事情，Lily 媽心想，這一著已足以夠力把信一攆出大富翁！

山雨欲來風滿樓，大戰前夕，總是特別平靜。

這一天無風無浪，到了凌晨時分，關公相約了幾個人進行閉門會議。

這幾個人正是阿木、刺蝟與地雷，連同關公，他們都有一個共通點，就是——非常討厭信一！

關公召集這三人到來，為的當然是共商剷滅信一的對策。

「在座三位都同我一樣，很想對付信一吧？只要我們聯成一線，一定可以把信一打爆！現在我有一對策，信一招架不住，就定必給我們弄個雞毛鴨血！他之所以能落腳尖沙咀，不是因為實力，而是仗著龍捲風是他的契爺，又懂拍 Tiger 的馬屁！」關公口出狂言：「兩年前我見過他，骨瘦如柴，單手已經可以打死他！」

「不過聽說他從泰國回來之後，已脫胎換骨，練了一手超猛的刀法。」地雷說。

「人講你又信！你有親眼看過嗎？」關公吼回去。

地雷擰頭。

「說不定他的綽號是用錢買回來的！」

「刺蝟，你早前跟他交過手，信一的刀是否如傳聞般厲害？」地雷問道。

刺蝟望了望關公，關公皺著眉等他說。

「那一次在球場，他把刀藏在袖口裡，我著了他的道兒。」

「聽說他還去了你的麻雀館。」地雷繼續追問：「那一晚，他真的只有一個人來嗎？」

「對啊，無可否認，他真的很有膽識！」刺蝟皮笑肉不笑地說：「那晚他手執一柄開山刀闖進來，我立即清場把他關在裡面，一拉閘他就向我的門生出手，見狀我走上二樓拿武器，到再次回到下面時，幾個門生已經倒下，我見他氣勢如此強大，就沒有跟他硬碰，把錢還了就是。」

「即是你沒看到他如何出手？」

「沒啦！」

關公大聲說道：「那結論就是，信一對著手無寸鐵的對手就巴閉，沒刀在手，他惡得到哪裡？」

雖然關公認定信一實力不足，但地雷還是對刺蝟的說話有所保留。

「好了，今天我叫大家來，不是要討論信一的實力，就當他刀法如神，這次也有辦法把他擀出尖沙咀！」關公：「不妨告訴你們，現在大富翁最當紅的 Lily 媽已答應拉隊過檔，只要她一離開，夜總會的生意肯定會對大受影響，到時信一就會受千夫所指！」

「信一只是保安，就算 Lily 媽過檔，影響了生意，責任也不在他吧？」地雷反問。

「哈哈，你想到的，我又怎會想不到！」關公吐出詭計：「過兩天，Lily 媽旗下會有一位小姐失蹤，然後幾天之後，她會告訴 Lily 媽被信一的仇家毀容，還恐嚇說，誰還敢在信一的場工作，都會有毀容危機。」

「之後 Lily 媽就順理成章拉隊走！」刺蝟一喜，接上劇情。

「沒錯，Lily 媽一走，加上人心惶惶，其他組的小姐應該都不敢上班，我看信一怎樣向股東交代。」關公一笑：「到時連 Tiger 也保不住他！」

「不過就算把信一撵出尖沙咀，對他的損害也好像不大。」地雷擔當質疑角色。

「嘿嘿，所以我還有必殺的一著！我知道信一有個女朋友叫蔣靈，只要我們把她捉回來，到時要信一幫我們舐鞋底，他都不得不從！」

關公這一著並非什麼驚世點子，但地雷卻再也找不到話反駁他，可能真的橋不怕舊，最緊要受。

關公的計劃第二天開始進行，Lily 媽旗下最紅的小姐安兒無故失蹤兩天，第三天 Lily 媽下班後，走到經理室，跟信一會面。

「找到安兒了，她被人毀了容，不會再上班。」Lily 媽冷冷道。

「毀容？」信一大為緊張：「傷成怎樣？」

「不太樂觀。」

「她怎會被人毀容的？」

「因為你。」

「我？」

「把她毀容的人說明是你的仇家，還說陸續有來。」Lily 媽把一疊辭職信放在桌上：「我跟其他姊妹都不打算冒風險留在這裡，麻煩你把辭職信轉交給 Tiger 叔。」

沒有多餘的話，Lily 媽交代完後，轉身就走。

信一也沒挽留，由得她離去，因為他大概猜得到，幕後操作這件事情的人，正是忌廉哥。

安兒真的有被毀容？信一已猜到這一幕戲都是按忌廉哥的劇本進行。

早前「龍城幫」吃了敗仗，外間還未消化，再加上 Lily 媽拉隊過檔，信一可預計得到，即將流言滿天，說他一旦離開九龍城，什麼也不是。

信一，將會何如面對這場困局？

信一苦思對策的同時，他的對頭，卻在開懷大笑。

「哈哈哈哈，忌廉，你覺得信一收到 Lily 媽的辭職信後，是不是呆了下來，不知道怎樣向 Tiger 交代呢？」浸在大浴池的關公志得意滿，大笑著說。

「別輕視你的對手，信一不是蠢人，他一定會想法子拆局。」

「怎麼拆？這鄉下仔有辦法從別處找來小姐填補嗎？」

「生意明顯受到影響之後，Tiger 叔一定會想辦法從其他地方把小姐調過來。」忌廉哥伸展一下筋骨：「所以我們要趕在 Tiger 叔出手之前把消息傳出去。」

「這樣的話，就算讓 Tiger 叔平定了大富翁的亂局，也跟信一無關，外間就會質疑他的能力。」

「你開始懂得思考。」

少有被讚賞的關公，喜上心頭。

「你認為信一猜不猜到這次設局的人是我倆？」

「猜到又怎樣？他想不到我們下一步，就只有被牽著走。」忌廉哥：「五天之後，把那個蔣靈捉走，之後就照計劃進行，只要事情順利，信一想翻身也難了。」

第二天，忌廉哥就把 Lily 媽過檔一事傳出去，當然還把事情放大，說信一少年得志，四處樹敵，不知開罪了哪一幫的大惡人，揚言要把大富翁的小姐逐個毀容；誰敢給信一援手，都會自招麻煩。

再加上 Lily 媽親自承認拉隊辭職，令事情的可信性更大。

當晚除了 Lily 媽那組小姐之外，多人集體曠工，大富翁變了死場一樣。

夜總會沒生意，人工、租金各樣支出都得照付，每天都在燒銀紙。

事情因信一而起，他當然想試試以自己的辦法解決問題。

在他的桌前，放了五張卡片，這幾個人在信一得勢時都曾經爭相跟他稱兄道弟，更著他需要幫忙時，一定要找他們。

如今信一真的遇上麻煩，逐一致電，卻沒一個肯出手相助。

現實的江湖就是這樣，信一只感到人情冷暖、世態炎涼。

此時，桌上的電話響起，信一接聽，是 Tiger 叔的來電。

「信一，我知道你遇上一些麻煩，不用擔心，我可以從其他場子把小姐調過來。」

「Tiger 叔，如果你這樣做，我之後就很難在這裡立足了。」

「這個我也明白，我不是質疑你的能力，但你在夜場的人脈不廣，我怕你無法收拾這個殘局。」

「給我一星期時間，到時候我還處理不了，你再出手可以嗎？」信一像是胸有成竹：「這一星期的損失，我會負責。」

Tiger 叔理解信一不想自己出手的原因，但一星期時間，信一可有辦法扭轉局勢？

Tiger 叔是存疑的，但他仍然願意聽從信一的意願。

「我給你兩星期吧，金錢損失方面，你不用負責，我還損失得起，其他股東，我會向他們交代，總之這方面你不用擔心。」

「嗯，多謝 Tiger 叔。」

莫說是信一這個年紀，就算是 Tiger 叔此等老江湖也覺得這一個局並不易拆，但直到此時，信一卻沒有擺出一副無計可施、煩惱至極的模樣，這不禁令 Tiger 叔好奇，到底信一是否還有什麼壓箱絕活？還是只是強裝鎮定？

大概一星期左右就有答案吧。

可這一星期，忌廉哥又怎會讓信一好好渡過。

過了一日，道上繼續流出不利於信一的流言。

說他沒法子讓小姐安全上班，弄得大富翁生意額急速下滑；狗急跳牆，居然向其他幫會借人，卻連番大吃閉門羹，慘遭拒絕。

由盛至衰不到一個月時間，信一看著大富翁的客人愈來愈少，卻無計可施，再過了三日，生意額大跌九成。

直到第五晚，大富翁拉了大閘，暫時停止營業！

同一個晚上，信一收到了關公一通電話。

「信一哥，沒工開，是不是很苦悶？」

「關公，有什麼就説啦。」

「信一哥，你的愛人在我手上，不想她今晚有事，就來取人啦！」

「什麼愛人？你説什麼呀？」

「你這個薄情郎，連自己有個女朋友也不記得嗎？等等。」

關公説完就把電話筒遞給另一人。

「喂……Simon？」

「蔣靈？你怎會跟關公一起？」

「我剛剛放學回家，途中突然被幾個人攔截，然後就被他們強行拉上了車。」

「你不用驚慌，我會來救你。叫關公聽電話。」

不一會，關公再次在話筒對面說話。

「信一哥，怎樣了，現在記得自己有個女朋友啦？」

「關公，下次捉人先查清楚，蔣靈只是我讀夜校時的同學，不是女朋友。」

「哦，那我即是搞錯了？」關公頓了頓：「人都捉回來了，不吃白不吃，那個女的，又可愛又漂亮，既然她跟你無關，我就叫我的兄弟別客氣了，現在望住她，我已經流口水了。嘿嘿。」

「你別亂來。」

「緊張了嗎？我的忍耐力大概只有一小時，時間一過，我不保證自己能否控制得住自己。」關公：「提醒你，一個人來，別帶任何武器。」

關公向信一說了地點之後就掛線。

蔣靈雖然只是信一的普通同學，但如果他不前往救人，她的處境便相當危險。她只是個尋常少女，此刻落在一班惡人手上，關公的長相還要如此恐怖猙獰，一定嚇得心驚肉跳，信一絕對不能置若罔聞。

但那裡明顯是請君入甕殺局，信一隻身而去，又有可能全身而退嗎？

時間緊迫，信一已想不到那麼多；一小時後，他來到新界一間鐵皮貨倉。

信一敲門，裡面有一人把門打開，讓他步入屋內；裡面傳來了一陣乒乓球的來回揮打聲。

近二千呎的貨倉，天花板裝滿射燈，中央放了張乒乓波枱，關公正跟另一人打球。

球枱前，站了十幾個持刀大漢，一見信一就露出兇狠惡相。

關公大力揮板，把球打對面，對手接不住這一球，讓關公得分。

「Yeah!」

乒乓波枱旁邊，有一部座地攝錄機，關公著緊地問門生有沒有開機錄下。

「有拍下來嗎？」

門生單眼貼在攝錄機的錄影鏡頭說：「有！」

關公打出了漂亮一球，自我感覺相當良好，放下球板，向剛進來的信一比了個勝利手勢。

「人呢？」信一無視那班大漢，直視關公。

「不用急，今晚我們有很多時間。」關公拍拍手：「把那個女生帶出來。」

不一會，阿木、刺蝟及地雷就把蔣靈帶到關公身前。

信一當然認得那三個人。

阿木，依然木無表情，信一不會忘記他跟關公當年那一晚，在自己的背門下釘的事情。

地雷，跟他過節不深，但刻下他站在關公一方，就是自己的敵人。

還有那個不時露出怪笑的刺蝟，雖無過犯，面目可憎。

「信一哥，我們又見面了！」刺蝟向信一猛揮手。

信一沒理會，望著中間的蔣靈。

蔣靈一見信一，就眼紅紅了。

「還不放人？」信一冷冷道。

「搜清楚他的身，他很狡猾的，不知道身體裡面哪個地方藏了刀！」刺蝟說。

關公示意兩名門生過去搜信一的身。

搜了一輪，也沒發現，刺蝟走到信一身前，望了望他的牛仔外套。

「這件外套的板型也很好看，今次我不客氣了。」刺蝟小心翼翼幫信一脫下外套，然後穿到自己身上。

脫去了信一的外套，刺蝟即時穿上身，由於他個子比信一小，衣不稱身，有點滑稽，不太好看。

關公推推蔣靈背門：「走啦！」

蔣靈一步一步走到信一面前。

「你沒事吧？」

蔣靈搖頭。

「站在我身後。」

信一知道，關公肯定不會如此順攤，已有作戰的準備。

「叫你一個人來就一個人，你還算聽話。關爺爺今日心情大好，不跟你打了，從我們幾個胯下爬過去，我放你倆走。」關公整理一下攝錄機：「否則的話，今晚你就要放下一隻手才走得出這門口！」

聽到這句話，蔣靈已為信一擔心。

對於關公的恐嚇，信一只回以一聲冷笑，然後吐出極其霸氣的說話——

「今晚，個個都要見血，一個都逃不掉！」

3.7 神人之後

信一突如其來的霸氣説話，真的令地雷及刺蝟措手不及，愣了一下，直至關公開口，他們才回過神來。

「信一哥，你是不是嚇傻了？你到底知不知道自己的處境？」關公：「你現在連一柄膠刀也沒有，請問你如何要我們見血？」

「我有沒有刀在身有什麼關係？你們有就可以了。」信一橫視了眾人一眼。

「想奪刀？」關公笑出聲：「哈，我早就知道你想什麼！」

關公從口袋取出白布，綑綁在握刀的手上，防止手中刀被奪。

同一時間，倉內所有人也跟關公做著同一動作。

信一瞧見這一幕，不禁皺起眉頭。

「看你的表情，好像很驚慌喔！哈哈！」關公張狂大笑：「最後機會，從我們胯下爬過去，今日我保你四肢完好走出這裡；否則的話，你知道會有什麼後果啦！」

信一沒把關公的話聽進耳裡，只跟身旁的蔣靈耳語。

「待會無論什麼狀況，你一定要跟在我的背後，千萬別甩掉，知道沒有？」

「嗯，知道了！」蔣靈用力點頭。

蔣靈雖不曾接觸過江湖人，但她已猜到接下來會發生什麼事了。

面對眼前十數惡漢，個個手持大刀，信一卻什麼武器也沒有，說蔣靈不擔心是騙人的，只是事到如今，她知道擔心也改變不了即將會發生的事情，能做的，就只有相信面前看似無懼的信一。

「信一哥！還等什麼，爬吧！」關公大聲喝道。

「留給你老母爬啦！」

信一的回應，頓時叫關公怒火中燒！

「媽的，敬酒不喝喝罰酒！」關公大吼：「動手！把他的右手劈下來！」

話音未落，一眾人等便提刀向信一衝殺過去！

信一正面臨人生中最險惡的一場戰役，就連遇變不驚的他，也不禁冒出了冷汗。

九分鐘後，滿身是血的信一拖著蔣靈從貨倉內步出。

貨倉裡面，滿目瘡痍，鮮血濺滿一地，關公等人橫七豎八的倒在地上，有的按著鼻子不住痛呼，有的彎腰吐血，連牙齒也掉出來。

刺蝟的右臂作不尋常的扭曲，手骨也差點破出體外，穿在他身上的外套已被信一奪回，眼神極度驚恐，像經歷了一場恐怖惡夢。

木然的阿木，左膝及右邊面的顴骨碎裂，痛得咬牙切齒，表情從未如此豐富過。

還有關公，他半跪地上，握刀的手不住顫抖，露出不願置信又極度不忿的神色。

剛才的九分鐘，到底發生過什麼事？

走出戰場的信一，已驅動座駕，帶蔣靈逃離危險之地。

坐在副駕駛座的蔣靈，還未回魂，手仍在震。剛才發生的一切，到底怎樣開始，又怎樣結束，她的腦袋已無法組織出一幅完整的拼圖，她只記得，那班人提刀衝向信一，然後她就合起眼不敢看。

她感到信一握著自己的手，不斷轉換位置，然後響起一陣又一陣的慘叫聲。

再之後，她感到水花濺到臉上，那是鮮血！

那九分鐘，過得非常緩慢，蔣靈首次覺得死神在自己身旁擦身而過，就算此刻已離開那個戰場，她的內心還是風起雲湧、兵荒馬亂。

旁邊這個夜校同學，到底是個什麼人？雖然見識過他的強悍，卻沒料到他竟然可兇狠至此，面對那班持刀惡人，不但沒有退縮，更變了一頭原始野獸，吡牙咧嘴，擇人而噬！

蔣靈的思緒仍未完全清醒之時，車已停下。

「到了。」

蔣靈未知道如何反應。

「放心，他們不會再來找你麻煩，如果真的再有狀況，我會有辦法擺平。」信一神色凝重道：「回家好好洗個澡，休息兩三天，暫時不要上學了。」

蔣靈點頭，正想下車，終於把憋在心頭的話說出口。

「你到底是什麼人？」

「在你面前，我是你的同學Simon。」信一望著蔣靈：「在那個你不會接觸的世界，我叫信一，『龍城幫』信一。」

蔣靈猶在錯愕之時，信一已發動引擎，車子絕塵而去。

看著信一離自己愈來愈遠，蔣靈的心裡出現了一陣空虛感。

當天晚上，負傷的關公走到忌廉哥的家，把今晚發生的事情告訴他。

「你也傷成這樣，其他的人呢？」忌廉哥把一支啤酒遞給關公。

「個個重傷，無一倖免，阿木連眼球也被打爆了。」包紮著右手的關公，垂著頭，接過啤酒。

「信一怎樣做到的？」

「發生得太快，我根本看不清楚……」

忌廉哥皺著眉，實在不敢相信，遇到什麼事情也大聲叫喊、火爆的關公，此刻竟然像隻喪家犬般失去了神彩。

忌廉哥打開電視，再按下錄影機的按鍵，螢光幕便出現眾人圍攻信一的畫面。

剛才的一戰，被關公全拍下來。

只見幾個人大漢提刀同時衝向信一。

信一迎上，以極快的身法，向最接近他的一人出拳。

拳如雷動，中擊的人發出慘嚎，噴出鼻血。

接下來，又以快拳擊倒二人。

「不只刀法，信一還懂得泰拳！」忌廉哥全神貫注盯著螢幕。

信一步伐太快，眼看身後的蔣靈將要甩掉，信一捉住她的手，把她拉近自己，只餘單手的他，又擊退了另一人。

為顧及蔣靈安全，信一的動作明顯沒之前順暢，關公看準他的弱點，立時大喝，叫其他人攻擊蔣靈。

關公此舉，當真奏效，信一為保護蔣靈，手臂不慎中了一刀。

來自信一的鮮血濺到蔣靈臉上。

信一猛吼一聲，居然甩開蔣靈！

「哈！大難臨頭，連自己的女人也不顧！」關公猙獰笑道。

信一甩開蔣靈不到兩秒，閃到乒乓球桌前，手中奪了一物，雙目飆出了殺意的怒火！

一個不知死活的人，趁機揮刀砍向蔣靈。眼見銀光疾閃，蔣靈合起眼，不敢去看即將發生在自己身上的慘況。

那一刀並沒有順利砍在蔣靈身上，持刀者慘叫倒地，不住翻動身體，手肘位置有一白皓皓的骨狀物體穿體而出。

淒厲的叫聲響徹戰場，把眾人的攻勢頓住。

信一擋在蔣靈面前，手中拿著一塊乒乓球板。

「你們玩完了！」

信一說完這句話後，主動出擊，以板為刀，橫削直劈，瞬間就解決兩名雜魚。

有「刀」在手，信一的氣勢比之前更加巨大！雜魚，對他來說，跟死魚無異，他的眼中，只有幾個目標。

第一個，阿木！

兩者的距離大概八米，二人目光交接，就向對方衝至。

甫一交手，高低立見，勝負已分。阿木連揮兩刀也落了空，到信一出手時，他已閃避不及，臉頰中了信一橫砍的一刀，即響起嘞嘞的骨骼破碎聲。人倒下後，才感受到膝頭、顴骨以及一目爆碎的痛楚。

第二個，刺蝟！

他的動作比阿木來得快，一秒劈出三刀，卻被信一一避過，然後換信一出手，同樣是三刀，命中了刺蝟的胸口，右臂，人中！門牙也給打飛出來！

在刺蝟發出撕心裂肺的叫聲之時，信一把從他身上奪回外套，同時捲在自己的左臂上。

打退刺蝟，信一盯著正撲向自己的另一人。

第三個，關公！

「吼——！」

關公不讓信一有回氣的機會，猛吼一聲，就向信一迎頭劈下一刀。

關公的刀勢及殺意都比阿木、刺蝟強大，信一絕不能有任何閃失分神。

關公的刀往信一狂砍，只有力道沒有章法，信一不打算跟這頭蠻牛交手，故只避不攻，任由他消耗自己的體力。

「剛才你不是很犀利的嗎？怎樣現在不出手？出手呀！」關公不斷瞎劈，速度及力道都已減下，信一看準落點，出招了。

信一的刀砍在關公的腰間，狂人痛得面容扭曲，同一時間右手向信一橫劈一刀。

二人的距離太近，信一已無從閃躲，情急之前提起左臂抵擋。

這一刀的力道雖不及之前般猛烈，但還是具相當大的殺傷力，信一擋刀的一臂捲著奪回來的牛仔褸外套，成了大大的防禦，關公的刀鋒未能嵌入信一肉體太深。

關公的刀未能重創信一，接下來的十幾秒，就是信一的猛烈攻擊。

關公的視點，只見信一如兇獸般向自己一輪急攻狂砍，關公只感到身體的骨骼如被爆竹炸裂，正要提刀還擊，動作卻被對手封死，完全受制於信一的攻勢之下。

劇痛難擋，也不知身體到底受了幾多猛擊，只想儘快停止這種無止境的痛楚。

信一又狂又暴，體內那頭野獸已撕去了秀氣的皮囊，徹底暴露在他的對手眼前！

直至球板也被打破，信一才回復人類的眼神。

染滿鮮血的信一，猶如地獄惡鬼，已成為這班人的夢魘，在場再沒有一人敢撩鬼攞命！

信一以手抹去臉上的血，經過半跪在身邊的地雷，俯視著全場唯一完好的人。

地雷被嚇得失禁，尿滿一地。

「信一哥，對不起，我跟你沒大過節，放過我可以嗎？」

信一把手中的破裂球板猛力掉在地雷身前。

地雷知道，信一要放他一馬，冷汗涔涔如下。

「今天的事，你替我傳開去，知道了沒？」

地雷不住點頭。

信一再沒看他一眼，帶蔣靈離開了。

看完這一齣血腥動作劇場，忌廉哥久久沒作聲。他慶幸信一用的是乒乓球板，否則戰果將會更加不堪！

信一的出招太快，有好幾個動作忌廉要回帶以慢速播放才看得清楚。

如果他在現場，能壓得下神人之後嗎？

就連足智多謀的忌廉哥，也沒有十足信心。最令他感到憂慮的是，信一的能力還未見底，接下來就是他反擊的時間！

「關公，明天把佐敦及廟街的場子關門，我怕信一會作反擊。」忌廉哥盤算利害後決定。

「關門？那即是怕了他？況且這些場子是『架勢堂』，掃了我的場，影響了收入，他如何向一眾元老交代？」

「事情到了這地步，他已經不會再顧慮任何事情，只要把你打倒，就算要離開尖沙咀，他也在所不惜。」忌廉哥：「最大問題是，此刻信一拉大隊跟你硬拚，你有多大勝算？再輸一次，後果更加難堪！」

關公當然不想把場子關掉，但正如忌廉哥所言，負隅頑抗，實在沒有十足把握可勝得了信一，不情不願，關公最後還是按照忌廉哥的意思。

果不其然，信一的反擊就在第二晚展開。

第一戰線，由阿 Cool 領軍，狂掃地雷的地盤！

沒錯，信一在那一戰中放過了他，但不代表地雷不用付出代價，由他跟關公搭上同一條船，打算對付信一，就該有被清算的覺悟。

不足一小時，阿 Cool 就掃了地雷三個夜場，只破壞他的地方，沒對他們的人下手，算是很留手了。

第二戰線，由一個久違的壯漢帶隊，那個跟信一亦師亦友的泰拳高手——阿潮！

其實早在幾天前，阿潮已秘密回港，並跟信一密謀部署反擊計劃，隨著昨天的突發事件，阿潮再也不用等待，出手了。

阿潮目標是刺蝟的地盤，刺蝟跟信一的過節較深，沒地雷般好彩，況且阿潮多年沒有親自下場，一出手，當然就要聲如雷動！

這一夜，阿潮一連掃了刺蝟五個地盤，重傷了的刺蝟在家中休養，避過了一劫。他的廿幾個兄弟，卻不明不白被痛毆一頓。

過足了癮的阿潮，還跟他們說：「惹禍的人是刺蝟，你們問清楚來龍去脈還想跟我們鬥的話，隨時奉陪，我跟信一，還有『龍城幫』，在城寨等你們！」

第三條戰線，由信一親自出征，直搗關公的核心命脈——「糧倉」！

幾天之前，Tiger叔已查到關公儲備現金與賊贓的地點，得知後信一才叫阿潮回港。但部署趕不及變化，既然關公昨天已經吃了敗仗，打鐵趁熱，信一就提早幫他「清倉」！

信一站在倉庫前，火光熊熊，看守貨倉的人被打得再沒戰鬥的力氣，頹然倒地，只能眼白白看著所有鈔票付之一炬。

沒了彈藥，關公已惡不下去。

信一欣賞著自己傑作的同時，阿Cool及阿潮及一眾「龍城」兄弟，已完成任務走來跟信一會合。

「嘩，信一，花面貓的糧草都給你一把火燒光了。」阿潮站在信一身邊，看著猛火打趣地說。

「潮哥、阿Cool，今晚辛苦兩位了。」信一從口袋取出香煙。

「你的事，就是我們『龍城』的事。」阿Cool。

阿Cool這一句，叫信一很暖心，九龍城的兄弟，真的比外面那班酒肉朋友，真摯得多。

「真想知道花面貓看見這一幕會有什麼反應。」有點孩子氣的阿潮滿心期待。

「我已叫了他的門生通知他，你很快就可以看得到了。」信一點了煙。

話語甫畢，耳邊即響起一隆隆的沉重步履，關公正帶著十數門生從不遠處走來。

「一講關公，關公就到。」信一呼了口煙。

「一講關公？不是一講曹操嗎？」阿潮疑問。

「關公啊，從來都是一講關公。」信一：「潮哥，你半個泰國人，可能記得不清楚，不是不相信我吧？」

「可能真的是我記錯。」

二人說著無聊話，全不把關公放在眼內。

「兩位是不是要看看你們前面那位敵人。」阿 Cool：「他怒得想把我們吞進肚裡啊。」

「昨天都輸得那麼難看，今天還敢走來，不是英勇，是自取其辱啊。現在才看清楚你臉上的疤痕，很噁心呢！」信一極具挑釁，從背門抽出一刀：「花面貓，還等什麼，滾過來受死啦！」

「吼——信一！」

狂怒的關公已失去理性，明知大勢已去，還作出最後的怒吼。

兩軍之戰，比昨天還更短暫，六分鐘之後，關公一方大敗倒地。

一天之後，「龍城幫」大勝三軍的消息快飛在道上流傳。

同一個晚上，大富翁重新營業，雖然 Lily 媽已經轉場，卻換上大批泰籍美女進駐。她們當然是信一預早安排的，早幾日暫停營業，就是進行秘密練習，讓她們在短時間內了解香港夜場該注意的事項。

另一方面，由信一放出消息，已經找到毀容者，那個刺蝟及其幫會，已經付出了代價。

當然，這是信一捏造出來，為的是要令客人可以安心在大富翁消遣。

信一有勇有謀，短短日子就化解了一場危機，更把有威脅的對手一一剷除，聲名又再打高一班。

當日疏遠他的小人們，見信一勢頭大好，又再前來巴結，信一只覺這班契弟的嘴臉非常虛偽噁心，把他們全部拒諸門外。

失去一切的關公，再沒有籌碼出來興風作浪。

力保江山的 Tiger 叔喜上心頭，打算跟信一合資更多生意業務。

就在信一如日方中之時，他卻拒絕了 Tiger 叔的好意。

「信一，你不打算繼續留在這裡嗎？」Tiger 叔。

「Tiger 叔，你的危機應該已經解決，關公短期內再也惡不出樣。」信一目光如炬：「尖沙咀始終不是我的地方，我想返回九龍城寨。」

3.8 梁俊義

關公大敗，Tiger 叔對外發放消息，把他及其門生一併逐出幫會。失去了幫會依靠，連糧倉也給信一燒光，關公把僅餘的金錢購入一批毒品，打算在短期內賺一筆快錢，重組勢力，再起東山。

縱然忌廉哥勸他先避其鋒、不要浪費金錢，但關公不聽勸告，一意孤行。

這夜，關公以及十數名被 Tiger 叔放逐的門生，在新界某個廢棄倉庫進行生財勾當。

貨倉內，除了關公與其餘黨，還有四個身穿校服的男學生。

「你們四個聽好，明天幫我把這四包東西送到指定地點。」關公把四包拳頭般大的白粉放在四人面前。

四人互望了對方一眼，全身發抖。

「袋起它啦！」

「關公哥，可不可找其他人啊，我們只是跟威哥出來玩過幾次，不知道要幹這種事的……」其中一名比較高大的學生說。

「小子，你叫什麼名字？」

「華仔。」

「華仔，你們之前在學校被另一幫人纏上，不是仗著我關公的名氣才沒事嗎？當初有事就跟我們稱兄道弟，現在我叫你們做少少事，就想跟我撇清關係？哪有這麼便宜？」

「關公哥，我們很感謝威哥當日幫我們擺平事情，但運毒這樣嚴重的事情……我們真的不敢，一旦被警察抓到，要坐牢的！」

關公突然抓著華仔的喉嚨：「我叫你做就要做，不是給你選擇！清楚了沒有？」

關公動怒，加重握力，華仔被捏得一臉通紅，快要窒息似的！

華仔旁邊另一男生突然撲過來，雙手握住關公粗大的手臂，希望他能放開華仔。

「關公哥，停手啊，你快捏死我哥了。」

關公瞄了那男生一眼，果然鬆開手，卻轉向他，摑了重重的一記耳光。

「阿寶！」華仔叫喊。

阿寶受了關公一巴掌，即倒在地上。

「樣貌倒不錯，我最討厭比我帥的人！」關公走到男生面前，怪笑一聲，在凌亂的工作枱上，取了一支腐蝕性液體出來，打開樽蓋，倒了一些在地上：「你們三個可以走，他要留下當人質。你們不幹，我就用這支漒水招呼他，嘿嘿。」

「阿寶！」華仔跪在地上：「關公哥，不要啊……」

此時，有人從外面拍打著貨倉的大門。

一名門生把門打開，進來的人，是個年約十八，眉清目秀，身穿日本橫須賀外套的少年。

少年步入貨倉，瞧見這個情境，就知關公又在幹著神憎鬼厭的事情了。

「義仔！錢呢？」關公瞥見來人即喝道。

義仔走到關公面前，從口袋取出一疊鈔票交給關公。

「醒目仔！」關公把錢收下：「明天繼續，再偷三架。」

「最近失車案太多，皇氣四處攞下路障，我想暫時要先停一停。」那個叫義仔的俊美少年道。

「停？我沒時間等，你給我想辦法。」

「沒辦法。」

「什麼？」關公挖挖耳窿：「我聽不清楚，再說一次。」

「我說沒辦法……」

話語未畢，關公便起腳踹在義仔的肚上。

「忍夠你了！」關公怒道：「每次叫你做事，總是一副臭臉，前陣子我要人，你就失場，現在誰是老大？」

關公再踢一腳，卻被義仔一手擋住。

「我也忍夠你了！」義仔：「一年前我已說過不想再跟你，你卻叫我幫你偷車，不用參與其他械鬥。幫你賺了一筆後，跟你說了多次，不想再留在『架勢堂』，你每次都叫我幫你多一個月，然後一個月又一個月，我不玩了，今日就要走！」

「收聲！」

關公放下漶水，就向義仔出拳。

但傷勢未癒的他，拳速比全盛時期慢下不了，都給義仔一一避過。

「全部上！」

關公的門生一湧而上，義仔沒有一打十的能力，只得抱頭抵擋。

義仔透過人群向華仔比了一個眼色，華仔知道對方的用意，故把握機會，與其餘三人繞過門生，奪門而出。

「多謝！」阿寶回望了義仔一眼。

最後還不忙向義仔道謝，相信阿寶是個有禮貌的好學生。

眼見四人成功溜走，關公趕緊衝前欲把他們抓住，被打個頭破血流的義仔，推開前面二人，撲到關公身前，雙手抱住他的腰部，阻擋著他的去路。

「阻頭阻勢，今晚我就要把你活生生打死！」

關公不住以手肘猛打義仔背門，受了好幾擊後，義仔終於鬆開兩手，半跪地上。

「打死他！」

關公猛吼，一腳已踹在義仔的面門，與時同時，其他人也對他瘋狂亂踢。

義仔自知無法力敵眾人，但白白被這班人打死，又實在很不甘心。

於廟街成長的義仔，兩年前已想投進忌廉哥的門下，可關公卻看中了他的技能，雖未成年，駕駛以至偷車技術，都比很多自稱車神的飛車高手犀利得多。

那時候關公已有打劫金行的打算，認為義仔是個非常好的司機，於是就向忌廉哥提出，把他收歸旗下。

忌廉哥跟義仔沒有交情，所以就跟他說，叫他暫時跟隨關公，遲一點才轉過來。

當時的義仔比較單純，以為關公需要人手，所以忌廉哥才叫他暫時幫他，不久之後，定可轉投忌廉哥門下。

可日子久了，義仔才知道忌廉哥根本無意把他從關公那邊調過來。

跟隨關公的日子愈久，義仔便愈對他的作風行為感到齒冷，早就有離心，不過對關公來說，義仔確實是個人才，又怎會輕易讓他說走就走。

吃了敗仗，失去糧倉，關公的怒火一直埋藏體內隨時爆發，既然義仔不想繼續留下來，便失去了價值，對於再沒有利用價值的人，關公絕對不會有任何情面，說殺就殺。

今天栽在這班惡棍手上，是自己活該，怪不得任何人，要怪就怪自己當日錯信忌廉哥！

他沒想過自己會落得這個下場，愈想愈不甘心，既然要死，就拉一兩個來跟我陪葬吧！

義仔一躍而起，盯著最接近自己的一人，就向他的耳朵咬下去。

關公一手扯著義仔的頭髮，欲把他往後拉，義仔放開口，被咬的人半隻耳朵慘被撕下來。

關公不住向義仔身體狂毆，義仔邊退邊擋，背門碰到桌子，隨手抓起一物就往關公的頭顱砸下去。

義仔手中之物是個玻璃樽，砸在關公頭上應聲爆開，然後關公就發出撕心裂肺的嚎叫，皮膚被腐蝕得溶溶爛爛，冒出了白煙。

本已惡形惡相的關公，再經強水腐蝕，像頭恐怖惡鬼。

瞧見關公的容貌，義仔自知闖了大禍，乘著眾人愣了下來，瞬即跳出窗口逃離現場。

「抓他回來，把他剁成肉碎！」

義仔雖然暫時從鬼門關逃出來，但他的險境還未解除。

被毀容的關公，失去了常性，以僅餘的數十萬元作暗花，對義仔下了江湖追殺令，勢要把他活捉回來，家法伺侯。

在這十數天裡，義仔遭到多番襲擊，他知道被活捉回去之後，將會遭到生不如死的虐待，所以每次遭襲，他都拚盡全力，從虎口存活過來。

自己身邊，已找不到一個可信的朋友，他只能像老鼠一樣匿藏在不見天日的暗處，失去尊嚴的偷生過活。

一天，逃到離島的他，從一士多的電視看到新聞報道，得知一名學生被汽車輾斃，那是當日他救走的學生華仔。

他知道，那絕非一場意外，而是關公的刻意安排！

殺人放火金腰帶，修橋鋪路無屍骸！這個世界，難道夠惡夠野蠻，就可以為所欲為，做盡喪盡天良的壞事？弱者就注定要淪為那些大惡人的食糧，任由宰割？

義仔認為，這世界不該是這樣運作的！

想著想著，一班刀手衝殺過來。

當容忍超過了限度，當活像過街老鼠般失去了尊嚴，當基本的生存也變成一種奢侈的渴望，能夠做的，就只有怒吼與反抗！

義仔決定不再逃了，隨手執起一柄鑼頭刀就進行反擊。

有些人，愈壓迫他，他所爆發的反擊力便愈更巨大！

一刻鐘，來襲的幾個刀手，倒在血泊之中。

之後義仔回到九龍，反客為主，向曾經對他施襲的各幫人馬作出逆襲。

一個月內，義仔連戰十二場，雖然也有損傷，但對方卻沒一次能將他扳倒，全被他的刀砍過遍體鱗傷，大敗而回。

他愈戰愈勇，愈打愈狠，曾經走來惹他的，身上都被劃下深長的刀痕，少年要以絕對暴力讓他的對手知道，任何向他動過手的人，都一定會付上代價。

有傳，他的刀又急又勁，當今江湖，可能只有龍城第一刀能將他壓下。

沒多久，江湖便給這少年起了一個綽號——十二少！

不過任憑十二少多厲害也好，始終勢孤力弱，今天就遇上了三十名「架勢堂」人馬。

十二少擺起架式，準備拚死一戰，為首的人卻說：「十二少，我們不是來跟你開打。」

「你們是誰？」

「我們是你的同門，老頂 Tiger 叔要見你。」

事情已驚動到「架勢堂」的最高領導人，十二少自知惹不起他，故唯有放下武器，跟隨他們離去。

「這個十二少以前跟關公的？」

「對啊，因不齒關公的惡行而跟他決裂，更把他毀了容。」

「嗯。」

Tiger 叔的大宅裡，正與一名近身討論著最近人氣急升的十二少。

此時，門外有人按鈴，工人開門，幾個人把十二少帶到 Tiger 叔面前。

「你就是十二少？」Tiger 叔直視眼前少年。

「嗯！」

「你們先離去，我要跟他單獨説話。」

面對「架勢堂」最高權力辦事人，十二少難免有點緊張及壓力。

「坐下吧。」

Tiger 叔跟十二少對坐著。

「你這小子倒有點膽識，居然敢以下犯上，挑戰自己的老大！」Tiger 叔：「你不怕死？」

「有什麼好怕？如果要我一直為關公這種禽獸做事，不如轟轟烈烈死了就算！」

「關公出暗花對付你，你打算怎樣解決？」

「我不動手，他們都會來找我，那就由我奪回發球權，趁我還有力氣，一直打上去，直至把關公殺敗為止。」

「就憑你一個？」

「除了關公直系門生，其他人都是為利益做事，當他們知道對付我要冒上絕大風險，權衡輕重，就不會再敢惹我。」

「說話倒有紋路。」Tiger 叔：「小子，你多大？」

「十九。」

Tiger 叔算了算：「屬龍？」

「嗯。」

Tiger 叔沉默了幾秒，喝了口紅酒。

「小子，關公的事，我會幫你擺平！你有勇有謀，公司很需要你這種人才，以後你直接跟我，我會派幾個門生給你。」Tiger 叔：「聽說你在廟街長大？」

「沒錯。」

「那以後佐敦及廟街就由你接管，有沒有信心？」

「有！」

就這樣，十二少因禍得福，自此跟隨 Tiger 叔，成為龍頭門下最年輕的左右手！

「龍城幫」出了個信一，「架勢堂」也有個十二少，江湖已進入年青人接棒上位的新時代。

若干年後，十二少這名字將會成為江湖傳奇，與信一、陳洛軍同為黑道新一代舉足輕重的風雲人物！

大發麻雀
娛樂公司
上海
飯

第四章
CHAPTER 4

4.1 狄秋

信一協助 Tiger 叔擊敗關公，大可留在尖沙咀擴大版圖，大展拳腳，但他的內心一直對他說，他最在乎的，從來都只有龍捲風以及「龍城幫」的兄弟而已；尤其經歷了這場戰役，打生打死，跟醜陋的嘴臉周旋，一點不好玩，不如歸去。

他實在太掛念龍捲風的陳皮紅豆沙。

信一才回到城寨不久，就聽說 Tiger 叔收了個叫十二少的門生，這個少年，年紀比自己還小，卻實力驚人。不但把關公毀了容，更單人匹馬連戰十二場，之後接管了關公佐敦一帶的地盤，成為江湖史上最年輕的頭目角色，聲勢不下於龍城第一刀！

如果信一沒有向 Tiger 叔請辭，二人大有可能在「架勢堂」的某個場合裡碰面，未能相遇，只是時機未到，他倆正式遇上時，已是幾年後的事了。

到那時候，「龍城幫」跟「架勢堂」同氣連枝，信一將與十二少走上同一陣線，共抗黑道一代霸王大老闆！

那又是另一個改朝換代的故事。

回到九龍城寨的信一，專心管理「龍城幫」的業務，龍捲風把賭館交了給他打理，每日吃過晚飯，信一就在賭館的帳房內工作。

大概到晚上十時，他都會走到一間叫「三六」的飯堂吃宵夜，還有就是他最期待的時刻，跟一班街坊看單元靈異電視劇《幻海奇情》。

每逢到《幻海奇情》播放時段，飯堂老闆都暫停招待客人，調暗燈光，好讓街坊可以專心觀看節目。

信一自居膽大，從來都不怕黑不怕鬼，但某次當他看完一集《幻海奇情》後，竟然怕得不敢獨自回賭館，硬拉一個街坊陪他回去。

信一在城寨的日常，大概就是這樣，稀疏尋常，日復日的渡過。

有天藍男忍不住問他：「喂，你明明可以在外面發展，怎麼又走回來？」

「我喜歡這裡的生活，喜歡這裡的人啊。」

「但這裡有發展嗎？」

「像我這樣的人才，去到哪裡都有發展。」

「我說認真的。」

「唔……我走過出去，但真的不喜歡，就算機會比留在這裡多，我也想回來。或許有天，我會再次踏出城寨，但不是當下。這一刻我只想多點留在哥哥和你身邊。」

信一：「受萬人景仰的龍城第一刀哪裡也不去，跟你同一屋簷下，是不是很感動？」

「吃屎啦，你之前在尖沙咀的時候，我晚上一個人在家過得很爽！」

「別說我了，你呢，最近結他彈成怎樣？」

「很厲害！」

「彈一首給我聽聽好嗎？」

「再厲害些才彈給你聽。」

「藍男。」半晌，信一突然用上很正經的腔調，似有話要說。

「什麼事啊？」

「有沒有人追你？」

「吓？」

「為什麼那麼驚訝，你又不是醜八怪，有人追是很正常的。」

「不過如果真的有人追你，先帶他來見見我。」

「吓？」

「我要看看對方是什麼人才能答應。」

「噗！」藍男笑了一聲：「你好像粵語長片裡的老頭啊！」

「我關心你，怕你被人玩弄。」

「誰敢玩弄我？不給你打死也給哥哥打死。」

「跟誰一起也好，千萬別挑古惑仔。」

「呿，你自己不就是古惑仔嗎？」

「我是不同的，世上又有幾多個跟我一樣？」信一摸了摸自己的曲髮：「記住我的說話，我是為你好的。」

「哈哈，多謝！」藍男摸摸伏在身上的小白，她想像不到，自己未來的另一半會是怎樣的人，但至少可以肯定，必須是要跟信一合得來的人。

這段日子，可以用無風無浪來形容，但信一卻很享受這種平靜，過得相當愜意。

直至某天，他接到了一通來電。

「信仔，很久沒聯絡了，近況好嗎？」

「偉哥！真的很久沒聯絡啊！」

來電者叫狄偉，當年龍捲風創幫立派，身邊曾跟三位兄弟，狄偉就是其中之一。

「之前知道你去了泰國生活，一直也找不到你，當我知道你回港時，你已往尖沙咀闖，怕你忙，所以沒有打擾你。想不到你在短短日子已把名頭打響，果然後生可畏。」

「偉哥別給我戴高帽了。你最近好嗎？」

「還不是這樣，待在新界圍村，跟退休沒兩樣。」

「嗯，秋哥……他好嗎？」

「都差不多啦，說起來，你已很久沒入元朗探他。」

「他都不想見我。」

「怎會呢，你秋哥口硬心軟，以前你帶來的茶葉，他每次都喝光。」

「真的嗎？」

「怎會騙你。看看你什麼時候有空，入來元朗，我帶你吃你最喜歡的叉燒包，然後再探秋哥，好不好？」

「好啦，我看看日子再找你。」

隨後，信一扮作不經意，把狄偉找他的事告訴龍捲風。

「我已很久沒有探望過秋哥，你覺得我去看看他好不好？」

信一留意到，自從龍捲風與狄秋不相往還之後，每次提到秋哥，這個絕頂聰明的男人，臉上都會出現黯然神色。

信一記得，在自己年紀還小的時候，他倆情同兄弟，感情相當要好，卻不知發生了什麼事，突然一天狄秋就跟他的胞弟狄偉及另一手足大成撤出九龍城，回到元朗。

從此，龍捲風跟狄秋恍如仇人，再沒有見過面。

只有大時大節，信一才會跑到元朗探望狄秋。

不過早前因為信一跑到泰國，回港後又發生一連串事情，已有好幾年沒有跟狄秋見面。

龍捲風在廚房拿出一餅普洱茶葉交給信一。

「這個拿給他。」

「嗯。」

其實，信一很想開口問龍捲風，到底二人之間有什麼恩怨，何以令到雙方的關係變得如此難堪？可信一實在太了解哥哥，他不想說的事，是沒有人可以令他開口的。

所以龍捲風不說，信一也就不問。

二人靜默了好一陣子，龍捲風試著轉換話題。

「信仔，你知不知道全叔快要搬出城寨了？」

「三六飯堂的全叔？」

「對啊。」

「沒聽說啊，他住在城寨大半世也要走？」

「全叔的兒子快要當爸爸，他們想搬出港島。難得兒子想跟自己一起生活，換個環境也是好事。」

「但如果適應不了呢？」信一：「沒錯，外面的環境可能比城寨好，但龍床不及狗竇啊，我外闖過，最能理解。」

「你回來，不是因為城寨環境特別好，而是你捨不得這裡的人。」

「就是啦！」

「所以全叔寧願搬出這裡，跟他兒子一起生活。」龍捲風：「況且，城寨總有一日會拆，到那時候，大家都要走。」

信一對城寨有很重的情感，一想到這裡終有一日會被拆卸，心裡就揪了一下。

那一日可能在十年之後來臨，到那時候，我們會變得怎樣呢？

藍男會有了自己的樂隊嗎？

我可會扛起「龍城幫」，跟哥哥一樣，成為舉足輕重的領導級人物？

哥哥呢？老去的他還仍然帥氣，仍然是個受萬人景仰的江湖巨人？還是，到時已經完全收山，跟一個尋常老者沒兩樣呢？

想到十年以後，不知怎地，信一升起了一份少年不該有的哀愁，恍惚感覺到，刻下最美麗的時光，和眼前的人，都不能永遠留住。

「想什麼想得那麼入神？」

龍捲風一句話把信一的思緒打斷。

「沒什麼。」

「我想跟你說，全叔走了之後，我想把他的店買下來。」

「你想當全職廚師嗎？」

「當然不是。」龍捲風淡淡地說：「很多街坊也把三六當成飯堂，大家也很喜歡這個聚腳點，你也不是常常到那裡看《幻海奇情》嗎？」

「嗯嗯！」

說是為了街坊，但龍捲風最在意寵溺的，是信一。

他的心意，信一又怎會不知。

「不過到時候，要把店改另一個名。」

「你不喜歡三六嗎？」

「你知不知三六是什麼意思？」

「我又真的沒考究過。」

「你神經真的很大條，往外闖的時候心思明明很細密，怎麼生活卻像個笨蛋一樣？」龍捲風：「藍男沒告訴過你？」

「沒啊，藍男都知道？」

「三六，下一個字是什麼？」

「三六……九？」信一恍然大悟：「三六以前是吃狗肉的店？」

「很久以前的事了，你現在明白為什麼要改店名啦。」

「明白了。」信一：「難怪我每次叫她陪我去那裡看電視，她都不想去啦！」

「有時候，你真的很笨！」

信一抓抓後腦，泛起了孩子般的尷尬笑容。

「哥哥，不阻你啦，我也要回去賭館了。」

龍捲風點了下頭，信一拿起桌上的茶葉，步出門口。

「信仔。」龍捲風叫住了他。

「什麼事？」

「找秋哥之前，記得先去『豪華』買一打酥皮蛋撻，他最喜歡吃。」

「知道了。」

兩天後的中午，信一帶著龍捲風的茶葉以及酥皮蛋撻，來到元朗某圍村的村口。

不一會，一個撐著傘子的中年男人向信一方向走過去。

「信仔！」男人向信一揮手。

「偉哥！」信一回應。

「還叫偉哥？我都老了，叫偉叔吧。」狄偉望著信一，露出親切的笑容：「沒見幾年，高大了又成熟了，比以前更帥氣，果然是龍城第一刀！」

「別笑我了。」

「我認真的，你的個子比我更高，現在偉叔要抬頭看你了。」

信一笑笑。

「行啦，你秋叔在祠堂等你。」

信一跟隨著狄偉的步伐而行，突然覺得有點緊張。

他記得小時候，跟狄秋哥的關係算很不錯，不時都會跟著他去飲茶，狄秋哥還會買超人面具給自己玩。

除了龍捲風，狄秋哥就是信一另一個沒血緣的親人，如果雙方沒有決裂，城寨應該會更熱鬧吧。

「偉叔……」

「有話就話啦。」

「其實他們兄弟倆，為何會分家的？」

對於信一突如其來的問題，狄偉也不知如何反應，沉默良久沒回答。

「這是他們之間的事，你還是不要問太多。」

「那……你覺得他們可有和解的可能？」

「真的很難說……」

「但『龍城幫』總不能一直分裂下去。」

「或許有天，由你修補這道裂痕吧。」

「我哪有這個能力？」

狄偉不是隨便說說，信一現在是兩幫人的唯一橋樑，只要沒有跟這邊斷了聯繫，就有機會修補關係。

二人走進一間老式祠堂，穿過大門，裡面有個偌大中庭，一個身穿唐裝的，拿著長煙的人坐在藤椅上。

「大哥，信一來了。」狄偉來到狄秋身前說。

「秋……叔。」

信一走近狄秋，第一眼差點認不出他，印像中的狄秋哥，年紀跟龍捲風相若，雖然兩者的氣質不同，但狄秋算是個壯健的中年男人。

不過眼前的狄秋，一頭白髮，滿臉愁容，相當瘦削，看起來比實際年齡大上十年。

「茶葉是祖哥哥叫我給你的。」信一把茶葉及蛋撻放在狄秋前面的小茶几上：「蛋撻是我買給你的。」

「信仔知道你喜歡吃酥皮蛋撻，專誠從『豪華』買過來的。」

「酥皮蛋撻？元朗沒有嗎？從九龍城帶來，變冷啦，怎麼吃？」

「都是一番心意。」狄偉示意信一坐下：「你們慢慢談，我去泡茶。」

狄偉正想拿走龍捲風送給狄秋的茶葉，卻被喝住。

「今日不想喝普洱茶，幫我沖一壺鐵觀音。」

狄偉向信一單了一眼就走，信一想叫他留下但又開不了口。

餘下二人，信一只覺得渾身不自在，想跟狄秋打開話匣子，又不知道該說什麼。

靜得只聽到蟬叫。

「信仔，你不是很忙碌嗎？今天什麼風把你吹來？」狄秋以老派口吻說。

「很久沒入元朗探望你，所以來看看你。」

「我沒病沒痛，有什麼好看？」

「也……不是一定有要事才能探望你……聚一下也可以吧？」

「有什麼好聚？」

狄秋簡直就是話題終結者，每一句回應都叫信一難以接話。

「我跟你已幾年沒見，想起你，所以就入來見見……」

「由九龍城老遠走進來，就為了見一見？你有很多時間嗎？你現在不是江湖新貴嗎？怎麼如此空閒？」

「也不是空閒，我是抽時間來的……」

「那豈非浪費了你的寶貴時間？」

信一已經不知如何接下去了。

等了一會，信一站起，決定離開。

「秋叔，你自己休息一下，我回去了。」

「哼，大老遠跑來，凳也未坐暖就走，年輕人……」

「那你想我怎樣？」信一忍夠了：「我說每句話也好像開罪了你，你叫我怎待下去？就算你跟祖哥哥有什麼恩怨也好，跟我無關的。沒錯，我是站在他的陣營，那是因為他帶大我，難道我應該背叛他嗎？他知我入元朗，不但沒阻止，更叫我把茶葉帶給你，即證明他有意跟你和好，我不明白你為何如此憎恨他，你倆之間，到底發生過什麼深仇大恨，要弄成這個局面？」

狄秋吸了口煙，瞪著信一，久久沒有接話。

「對不起，如果我的出現，令你心情變壞，我離開就是。」

信一說就往前走，剛遇上泡好茶回來的狄偉。

「信仔，你去哪裡啊？」

「我走啦，秋叔不想見到我。」

「怎麼會……」

「遲點再聯絡吧。」

信一說走就走，留不住他的狄偉，只好失落地走到狄秋身旁。

「哥，你說了什麼惹火了信仔啊？」

「我沒說什麼，他有事要走，難道我要求他留下來嗎？」

狄偉最清楚他大哥的牛脾氣，就算明知自己不對，也不會留住信一。

二人沒有說話，直至狄秋手中的煙燒光，然後不經意地打開信一帶來的餅盒，隨手拿起個蛋撻吃下。

這舉動至少讓狄偉知道，狄秋對信一還是有感情的。

「阿偉，有沒有見過逆鱗？」

「忘了跟你說，他整晚睡不著，說這裡很悶，要出去九龍走走。」

「你讓這小子一個人出九龍？」

「他一個人從外國搭十幾小時飛機回港也沒問題，不用擔心他吧。」

「嗯。」準備吃第二個酥皮蛋撻的狄秋點頭回應。

風和日麗的中午，龍捲風走進九龍城一家豆品老店。

「老闆，熱豆花。」龍捲風。

「走糖加豆漿。」老闆笑說。

「沒錯。」

龍捲風坐在一角，留意到前方有個少年身影，邊吃邊喃喃自語，聽起來是英語。

「Damn! This is freaking good!」

少年吃了一碗又再加碼叫了一碗。

「Damn, Chinese tofu is crazy good!」

雖然看不到他的樣子，龍捲風卻覺得這個竹升仔蠻有趣。

龍捲風的豆花送到，他慢慢把豆腐花放入口中，細味這香港獨家的美食。

「老闆，今天的豆花很滑。」

龍捲風還在小口品嘗著豆腐花的同時，那竹升仔已連吃第三碗。

「So damn tasty!」

竹升仔吃個滿足，走到櫃檯結帳，他拿了一張十元美金出來。

「美金？小子，你沒港幣嗎？」

「沒啊！」原來還是懂中文的。

「我們不收美金的，你爸爸呢？叫他來付錢啦。」

「爸爸？他不在這裡啊！」

龍捲風開口：「老闆，我幫他付吧。」

竹升仔望向那個為他付錢的陌生男人，笑了笑。

「Thank you.」

龍捲風報以微笑：「下次記得帶港幣。」

「Okie...」竹升仔伸伸舌頭就走。

這是龍捲風跟竹升仔唯一一次見面，亦是唯一一次對話⋯⋯

龍捲風永遠也不會知道，這小子體內流的，是與他相連的血脈。

4.2 九龍城寨的叉燒飯

龍捲風回到家中，心血來潮，從床底取出一個鐵盒，吹了吹盒面上的灰塵，凝望著它好一會兒。

龍捲風兩袖清風，不是個愛儲物的人，能令他保留下來的，都是珍視之物；他悠悠打開盒蓋，還沒把裡面的東西拿出，昔日種種回憶便已在心頭湧現。

盒裡面，有一疊舊照片、一只戒指，一本筆記簿、一幀信一從泰國寄回來的明信片、一張草稿、一條車匙、一個火機、兩份剪報以及一枝由黑布包裹著的短棍狀物。

龍捲風拿起照片，逐張細看，大部分都是年輕時的印記，相中人有他的兄弟狄秋，有藍森，有小信一及小藍男，也有他的妻子欣欣……

那只戒指，是欣欣的遺物。大約二十年前，他曾經跟大老闆有過一場約戰，可是決戰前夕，欣欣病逝，龍捲風悲慟莫名，肝心圮裂，對逐鹿江湖意興索然，故放棄了跟大老闆之戰。

那個時候，是龍捲風的全盛時期，莫說大老闆，就連巔峰的雷震東也非他對手，所以那次是大老闆不知行了什麼狗屎好運，才避免了一場幾乎沒有勝算的對決，繼而制霸黑道。

當下的每一個決定，都影響著日後的故事線，如果這一戰如期進行，在未來的那個時空裡，或許就不會發生大老闆圍城事件。

翻開那本細小的筆記簿，裡面記載了當年龍捲風對抗「青天會」的作戰計劃。那個時候，龍捲風沒有任何靠山與助力，所以每走一步都作出數個假設及預測。

他把作戰有可能出現的推演都記錄在本子裡，經過深思熟慮過後才行動。別人眼中，他每場戰役都從容不迫，處變不驚，但其實在雲淡風輕的背後，他已探勘了最接近勝利的路徑。

那張草稿有個圓型圖案，細看是「龍城」兩個字型，那是龍捲風的手稿。

當年剿滅了「青天會」之後，龍捲風曾想慢慢轉型，發展白道生意，有天忽然靈感到來，想到了一個標誌，就隨手把它畫下。後來跟狄秋分家，他淡出江湖，亦無心再擴展幫會業務了。

黑布包裹的短棍狀物是「龍城幫」的最高權力信物，龍捲風相信，終有一天，它會落在信一手上。

而值得巨人留下來的兩張剪報，則記錄了他人生中，其中最重要的兩件大事。

第一件是發生在一九五六年那場「黑幫雙十大暴動」，龍捲風就是憑此一役，在江湖上鋒芒畢露，用智慧用實力，打了一場近乎沒有勝算的大仗，把「青天會」的無敵形象狠狠地擊個片碎，改寫了令整個香港黑道的版圖！

另一件事，就是溫黛颶風來襲的那一天……

報紙的標題寫著：黑幫青天會兩大巨頭 雷震東陳占葬身怒海

憶及這段不堪回首的往事，龍捲風萬分感觸，那一戰，雷震東死在阿JIM的斧頭之下，被巨浪吞噬，捲入大海。

那一戰，不但結束了雷震東權傾天下的時代，還終結了祖與占這段友情故事。

就算事隔多年，只要想起宿敵與故人，龍捲風仍然記得那一天的孤寂、失落與無奈。

就在龍捲風的思緒定格在一九六二年的時空，一把聲音把他拉回現實。

「哥哥！」

龍捲風把盒子放回原位，走出大廳，見信一拿著一份報紙走進來。

「有沒有看今天報紙？」

「看了啦。」

「昨天西環碼頭開大片，四大幫合力圍剿『暴力團』居然不敵！」信一像置身其中：「我收到消息，『暴力團』裡面有個高手出手相當快，見人就殺，無人能擋！」

「你好像好興奮，恨不得在現場似的。」龍捲風笑說：「是不是太久沒出手，手癢啊？」

「不是啦，只是好奇那個高手到底是什麼人，以前都沒聽過『暴力團』有過這樣的人物。」信一忽然想起了什麼：「哥哥，你以前好像跟『暴力團』交過手，大老闆的實力是否一如傳聞般厲害？」

「當年我跟大老闆有過約戰，我記得外面開出的賠率，買大老闆贏的是一賠五。」

「即是說，大老闆當年連你尾燈也看不到啦，哈哈！」

在龍捲風面前，信一總是會不自覺地流露出孩子氣的一面。

這個時候，外面傳來一陣急速的敲門聲。信一開門，來的是阿鬼。

「什麼事啊？」

「有個負重傷的人入城求醫。」

「不時都有人求醫的啦，有什麼特別？」

「他入城之後就倒下，我把他帶到黃醫生那醫館，黃醫生看過之後，叫我來找哥哥。」

「帶我去看看。」龍捲風說。

醫館裡，只見一個赤裸半身的光頭血人，奄奄一息的躺在床上。

他的身體上，除了有多道刀傷，還有幾個大血洞。

「傷得那麼重啊。」信一望著那人：「黃醫生，救得活嗎？」

「很難說……我在他的身上找不到任何證件，看來他不是本地人。我叫你們來，就是想問你們，要不要把他送走？」黃醫生望向龍捲風：「萬一他在這裡死了，你們便要幫手把屍體處理。」

「先救人。」龍捲風目光停留在那人身上的血洞。

「嗯，那你們回去等消息，我要先幫他麻醉，然後縫針。」

「麻煩你了。」

六個小時之後，龍捲風與信一回到醫館，光頭血人已經醒轉過來。

「他身上一共有廿七處刀傷，還有六個不知被什麼戳傷的血洞，我已幫他止了血，傷口亦處理好。」黃醫生：「他身體很壯健，應該復原得很快，你們可以看看他。」

「辛苦你了，黃醫生。」

龍捲風與信一走到光頭男床前，瞧見他上身已被紗布包成木乃伊般。

光頭漢子眼皮半開，望著面前二人，雖不知道他們是誰，但似乎沒有惡意，自己的情況亦暫時安穩下來，起碼死不了。

「昨晚的西環大火拼，你在現場？」龍捲風。

「嗯。」

「這裡很安全，你放心養傷，其他事情之後再說。」

說罷，龍捲風跟信一離開，踏上回家的路程。

「信仔，你應該也看出他有份參與昨晚的西環大火拼吧。」

「從他身上的刀傷就知道，一定經歷過激烈的戰役。」信一：「只是好奇，他身上的血洞，到底被什麼所傷？」

「你猜猜？」

「很難說，但肯定不是利器。」

「嗯，我也認為不是利器。」

「那你覺得是什麼？」

龍捲風想著那一個個血洞，沒有回答。

兩天之後，光頭漢已經可以慢慢下床站起來。

醫館地方小，龍捲風見他能夠活動，就把他帶回家中，免得阻礙黃醫生。

「看你的樣子，不像黑幫，為什麼參與黑幫血拼？」

「說來話長……其實我來自嵩山少林寺。」

「哦？」

漢子的身份，連一向從容的龍捲風，也感到一點愕然。

「長話短說，我師弟是少林叛徒，走到香港加入黑社會，師父命令我廢他武功，免得他用少林功夫作奸犯科。」光頭漢：「那一晚我終於查出他的下落，所以就在西環跟他決一死戰。可我想不到沒見一段日子，他的大力金剛指更上一層樓，我最終還是敵不過他。」

不知怎的，這麼嚴肅的故事，龍捲風聽來，卻覺得光頭漢說得有點滑稽。

「你身上的血洞，是被他指頭所傷？」

「沒錯，九師弟的指勁，已練得比劍還要鋒利。撇開人品，他的確是個練武奇才。」

「你叫什麼名字？」

「阿柒。」

「康復之後回少林寺？」

「一日未能收服九師弟，一日都不會回少林寺。」

「如果你沒地方，可以暫時住在這裡，稍後我再安排住所給你。」

「施主，多謝你啊！」

「別叫我施主了。」

「帥哥，那我該怎稱呼你呢？」

「你可以跟其他街坊一樣叫我哥哥。」

「多謝哥哥。」阿柒被龍捲風的氣質深深吸引：「你真的長得很好看，我從沒有見過男生的五官長得如此精細俊美。你有拍過電影嗎？」

「哈哈哈。」這人的確很像來搞笑的。

又過了三日，傷勢已近復元的阿柒，為答謝龍捲風的恩情，下廚泡製了幾味小菜給他們享用。

信一與藍男在大廳嗅到廚房傳來的味道，已垂涎欲滴。

阿柒今晚為他們準備了三菜一湯，信一已被那碟蜜汁叉燒深深吸引，目不轉睛緊盯著。

「希望你們會喜歡。」

「我不客氣了！」

阿柒甫坐下來，信一就拿起筷子夾了一片叉燒放入口中。

一吃，瞪大了眼！

好吃！

除了好吃兩個字，信一的腦海再想不出想任何詞彙。

在藍男與龍捲風面前，他已再不作任何表情管理，牙齒咀嚼著叉燒，舌頭卻不住在兩片咀唇打轉，舐完又舐，好像一個色鬼，非常猥瑣。

「真的很好吃喔。」信一嘴邊流出口水。

「你好噁心呀！」藍男批了信一一肘。

「怎麼會？帥哥無論做任何表情都不會噁心的。」

「這句話已令人作嘔！」藍男作了個嘔吐表情。

「柒哥！少林寺的弟子都跟你一樣會煮菜嗎？」

「當然不是啦，我是少林廚房部主管，對味道特別有要求的。」

「少林不是吃齋嗎？你怎會那麼能煮？」

「我能把齋煮得跟肉一樣味道，你認為煮肉會難得到我嗎？」

「有道理！」

看著信一的嘴饞和滿足樣子，龍捲風想到了好主意：「阿柒，既然你決定留在城寨，想不想找份工作？」

「哥哥有什麼工作介紹給我？」

「你煮菜那麼厲害，最適合當廚師。」

「哪家店請廚師？我有興趣啊！」

「我即將會接手一間飯堂，如果不嫌棄，請你幫手打理。」

「當然沒問題，少林寺那麼多師兄弟我也照顧得來，放心交給我，我保證城寨的街坊一定會吃得開心又滿足！」

「好啊！以後天天也可以吃到好吃的叉燒飯！」吃著叉燒的信一附和。

「喂！整碟叉燒也快給你吃光了！」藍男快速地把一片夾給龍捲風。

龍捲風吃了一片，笑了笑：「果然好吃。」

數個月後，三六飯堂改名為「阿柒冰室」，成了九龍城寨最受歡迎的食店，當中鎮店之寶叉燒飯加頂帽，更是寨民必吃榜第一位！

4.3 AV與小黑

三年後——

一九八七年。

天色漸黑，一個超過六呎的魁梧軀體，帶著沉重步履，踏入九龍城寨。

這名巨漢，髮長及肩，雙目之下全被黑色口罩遮蓋著，雖看不清五官，但從身體散發出來的殺氣就可以知道，他絕對是個生人勿近的狠角。

帶著沉重呼吸和步履，他穿過一條又一條窄巷，聽到不遠處傳來一陣人聲喧鬧。

被聲音吸引，他朝人群方向步至，那裡圍滿了群眾，個個情緒高漲，對著中央二人歡呼吶喊。

那是一個簡陋的競技場，在中央空地對決的兩人，正進行一場黑市拳賽。

自從信一回歸城寨之後，龍捲風幾近全身而退，把幫會的大小事務交予他處理。

名義上，信一是掌櫃，負責看管幫會的所有帳目，實際上，他已是「龍城幫」的執行辦事人，內部大小事務以及對外紛爭，都由信一全權決定及解決。

他的說話，等同龍頭指令，沒有人敢質疑。

任誰都知道，信一就是龍捲風的指定繼承者，也是未來「龍城幫」的第二代龍頭。

兩年前，有人走到城寨打黑市拳賽，對方當然有請示信一，並會把部分利潤繳付給「龍城幫」，作為租場費用。

後來觀眾不斷增加，投注額也愈來愈大，信一就提出雙方合夥經營，並將競技場擴大。

這個黑市擂台，已成為城寨的焦點項目。

信一亦向同門下達指令，絕不可以參與戰事及參與賭博。

巨漢看著戰場上血花四濺，一人倒下，另一人卻振臂高呼，大聲叫囂。

「還有誰敢來挑戰我城寨拳王？」

看著城寨拳王那張不可一世的嘴臉，巨漢握著拳頭，似要走入戰場。

但巨漢待了一會，最終還是轉身離去。他從口袋拿出一張紙張，上面寫著一個地址，他就在迷宮一樣的城寨尋找目的地。

找了大半天，巨漢終於找到紙張上的地址，那是老人街某棟大樓頂層的鐵皮天台屋。

巨漢來到天台，已見一個中年男子等待多時。

「等了你差不多一小時，你再不來我就要走了！」

中年男子把兩條鎖匙交給巨漢。

巨漢打開天台屋，是個沒有任何間格的二百多呎空間。

「記得準時交租！」

包租公說完，打算離開，巨漢叫住了他。

「喂，包租公。」

「不要叫我包租公，叫我大蛇哥啦。」包租公：「還有什麼事啊？」

「哪裡可以買到日本色情錄影帶？」

「你有錢，我什麼也可以幫到、買得到！」

巨漢拿出一疊鈔票，遞給大蛇哥。

「你要買多少？」大蛇哥接過鈔票。

「這些錢夠買多少，給我全買回來。」

大蛇哥數了數那疊鈔票，驚訝地說：「這裡差不多一萬元啊！」

「嗯！」

「有什麼要求？只買亞洲區？白人、黑人需不需要？」

「全部都要日本出品，別給我買西方人。」

「收到！」

兩星期後。

這天信一在阿柒冰室跟阿鬼吃晚餐。

「阿鬼，最近城寨有沒有什麼特別事情？」吃著叉蛋飯的信一問。

「沒啦，這段期間相常平靜。」

「競技場那邊最多街外人，小心有人來搞事。」

「那個場是信一哥你的，誰敢來搞事啊？」

信一偷笑了一下繼續吃飯。

突然，信一感覺到不遠處湧來一陣殺氣。

信一抬頭往前方一看，視點穿過鋪內街坊，落在店外一個等候外賣的巨大身影之上。

電光火石之間，巨漢也感到有一雙眼神正盯著自己。二人四目交投，面對城寨的第二號人物，巨漢不但沒有回避，更充滿了挑戰的味道。

阿鬼順著信一的目光方向，瞧見跟信一對峙的巨漢，脫口而道：「是他？」

「你認識他？」

此時，冰室一名員工把外賣遞向巨漢，他接過外賣就走。

「聽大蛇哥說，這個口罩大隻佬一有錢就用來買『呵呵帶』，還指定要亞洲人，現在其他人都叫他AV。」

「AV……」吃著叉燒的信一若有所思。

吃過晚飯，二人返回賭館，信一在二樓的帳房工作，阿鬼在下面監場。

信一的管治之下，除了在競技場那邊偶然有些外人發生碰撞及口角，九龍城寨算是十分風平浪靜。當然，一個龍捲風已經足夠壓場，再加一個信一，再沒腦袋也不會走到這裡鬧事吧。

今晚的賭館，依舊無風無浪，直至凌晨時分，有個滿身酒氣的傢伙走著來，停留在一張賭大小的賭枱前面，拿出一千元押在「大」的字樣上。

今晚阿鬼剛巧在那張賭枱當荷官。

阿鬼當然認得，面前的口罩大隻佬就是AV。

AV的手風似乎不太順，他押大，就開小，不消半小時就把身上的錢輸光。

他想了想，然後就把拳頭猛力放在賭枱上。

「買大！」

「兄弟，這是什麼意思？」阿鬼皺眉道。

「我以前打拳，打贏一場的獎金少說也有十萬元，現在收你半價，我買五萬元大！」

面對氣勢強大的AV，就算在自己地盤，阿鬼也不敢貿然把他趕出賭館。

「細明，拿五百元給這位先生。」

「什麼五百元？我要五萬元！」

「敢來『龍城幫』的地方鬧事！」阿鬼喝道：「細明，給我清場！」

AV擺明來這裡生事，阿鬼再不出手，繼續任由他鬧下去，「龍城幫」還有威信可言？

「清場？你們今晚找死！」

AV一副戰鬥格，已準備今晚來個盡情發洩！

阿鬼正要發動攻擊，人卻被一股巨大的衝力擊中，不住往後飛，直至背門撞在牆上才能停住退勢。

當阿鬼回過神來，已見幾個同門相繼倒下。

AV的拳又快又重，一擊就能把一人錘至口吐白泡，喪失了行動能力。

「他的動作竟如此敏捷！」阿鬼心道。

AV一拳一個，把「龍城幫」的人馬當成沙包般發洩。

「仆街黑社會！」

AV愈打愈起勁，把倒在地上的人抽起來再打！

「停手！」

AV回頭一看，只見信一正從二樓拾級而下。

眼前那個打了領呔，身穿牛仔外套的人，看起來雖然有點蒼白和瘦削，但散發出來的氣息卻明顯跟其他人不同。

他當然認得，信一就是當日在冰室跟自己隔空以目光交鋒的那個人。

信一步向AV，站在個子比他高了一截的巨漢跟前，卻依然淡定自若。

「為什麼來我的地方搞事？」

信一抬頭，跟眼前的巨物再度對峙。

「你是他們的老大？」

AV的雙目似要噴出火焰。

「是又怎樣？」

AV似乎是個好戰的角色，剛才的人馬實力太過薄弱，未能令他盡興，眼前的信一似乎可以令他有點快感！

他再也忍不住，掄拳揪向眼前這個小白臉！

AV的拳雖快，但信一反應也不慢，避開了這一拳，便作出反擊。

二人對決展開，論體型論力量，AV無疑是力壓信一，但信一的動作相當靈敏，

AV向他出了幾拳也被信一統統避過。

除了刀法之外，信一也曾習練泰拳，所以就算沒刀在手，也能作出攻勢。

信一的拳快而準，沒錯是命中了對手，可AV的體格實在太強大，中了信一的拳卻仍堅如磐石，分毫無損！

信一傷不了AV，卻換來AV的猛攻。

經過一輪拳頭來往，雙方打出了真火，信一明知硬碰硬不是AV的對手，卻不忿氣，失去了應有的理性，居然跟AV直接比力氣——拼拳頭！

拼了兩拳，信一的右臂已經抖震，顯然敵不過AV，再拼下去，他的拳頭將會被打至手骨斷裂。

「想不到他是個硬骨頭，這一拳就把你的手打爆！」一拳拉弓的AV心道。

其實AV頗欣賞信一寧戰敗也不投降的硬性子，但他實在太討厭黑社會，一旦動真火就沒有留手的餘地，直至把眼前的黑幫份子全數打垮。

眼看自己的一拳將要把這個城寨第二號人物擊倒之際，胸口竟然被一股旋勁擊中，凌空轉了一圈再飛退廿呎，碰到賭枱才停下。

半跪地上的AV抬頭看，見一個身穿深色外套的中年人站在信一身旁。

「他竟然可以把我離地打飛？」AV望著眼前的男子，露出不可置信的神色。

「信仔，沒事吧？」龍捲風問信一。

「沒事。」

「朋友，何以到此搗亂？」龍捲風望著AV。

眼前的人明明沒半點霸氣，卻散發著強大氣場，令AV不敢再撒野下去。

龍捲風瞄了信一的右拳一眼，瞧見他的尾指已彎曲得不正常，指骨已碎。

龍捲風皺眉一緊：「城寨有城寨的秩序，不容許你亂來，你想戰鬥，可以去競技場，再有下次，我不會再對你留手，還會逐你出城寨。」

面對龍捲風，AV戰意全消，氣勢蕩然無存。

「信仔，你先去看醫生。」龍捲風踏步，在AV身邊經過：「你，跟我來。」

龍捲風把AV帶回家中，他雖然不知道對方有何目的，但AV還是不能拒絕，隨他到來。

龍捲風回到家後，著AV在大廳等待，自己走進廚房，整理一些食物。

不一會，龍捲風手中捧著一個小碗從廚房步出，走到窗台那裡，把手中小碗放在地上。

「喵喵。」

龍捲風喵了兩聲，便有一隻黑貓從外面簷蓬跳來跳去，再穿過紅色大花籠跳入家中，吃著小碗上的魚肉。

「小黑慢慢吃。」

龍捲風摸了小黑一下，小黑「喵」了一聲作回應。

餵過街貓，龍捲風就坐在 AV 對面。

「你沒有養過貓？」龍捲風問。

AV 搖搖頭。

「我也沒有，我以前喜歡狗，現在連貓也喜歡。」龍捲風望向吃著魚的小黑：「上個月牠自己穿過花籠，走進這裡，見牠有點可憐，就給牠一點魚肉，吃完就走，也不知牠從何而來。」

小黑把魚肉吃光，舔了幾下手幫自己洗臉。

「我以為牠走了就算，沒想到過了兩天牠又走進來，這次還帶了禮物送給我。」

AV 沒有問，但眼神出現疑惑，小黑為龍捲風帶來什麼禮物呢？

「老鼠！」龍捲風：「牠叼著一頭死老鼠放在我腳邊，老實説，我很怕老鼠，但始終是牠一番心意，我只好摸了摸牠的頭道謝。」

小黑向龍捲風喵了一聲就走。

「人也好，貓也好，都有自己的過去，都有入城的原因，甚至在走來之前，可能已遍體鱗傷，只是蹣跚地循微光而來。但無論如何，能同途遇上，算是我們的緣份。」龍捲風望著 AV 口罩不能完全遮蓋而露出的疤痕：「我不知道你為什麼如此討厭黑社會，但我要告訴你，這裡是『龍城幫』的地盤，如果剛才你重傷了信一，誰都保你不住，明不明白？」

重創了「龍城幫」的第二把交椅的話，信一定必要「做嘢」，到時候連龍捲風也留他不住。

所以龍捲風的一拳不只幫了信一，同時也幫了 AV。

龍捲風説完，在廚房盛了碗糖水，放在一個膠壺裡。

「要說的都說了。」龍捲風把膠壺遞給AV：「陳皮紅豆沙，好好味的，請你吃。」

龍捲風知道，AV不會在別人面前露出真面目，故此把糖水裝在膠壺，讓他回去慢慢品嘗。

他的心意，AV心領神會。

當AV從龍捲風手上接過膠壺，雙目通紅，差點哭了出來。

AV雖然擁有巨大的身軀，內心其實跟那頭小黑貓沒兩樣。

他踏出龍捲風門口的時候，停下腳步。

「多謝。」

「幫我關門，不用把老鼠帶給我了。」

放下一句，大門關上。

一星期後，AV把臉上的口罩換成鐵面具，除了眼睛，把整張臉都隱藏在面具背後。

這一晚，是AV初次踏入競技場。

AV穿過擠在外面的人群，正要步入中央的戰場，卻瞄到手纏紗布的信一來觀戰。

AV跟信一目光交接了一下，視點落在他受傷的右手。

「當我欠你。」

「嘿！」

AV完全沒想過，兩年後會跟信一成為出生入死的好友。

更加沒想到，未來的時空裡，自己陷入一場人生大劫難之時，信一會義無反顧隻身到澳門作出營救。

到時候，AV今日所說的話一語成讖，欠信一的，都會還給他……

4.4 命運之相遇

「喵～～」

春去秋來，小黑初到來時，還是如手掌般大小，不到一年已身長過半臂，是隻帥氣成貓了，眼神更變得相當老練。

然而，對著心愛的人類，貓咪的身體語言和表情管理，是不一樣的。

吃過貓糧，小黑總會走到龍捲風的腳邊用頭磨蹭。

「小黑真的愈來愈醒目，吃完飯還懂得過來『擦鞋』。」正為龍捲風染髮的信一說。

龍捲風望向地下的小黑，一個眼神，小黑便即躍起，跳到他的大腿上，發出咕嚕咕嚕聲響。

「還記得牠剛剛走來的時候，全身濕透又瘦弱，喵喵喵叫個不停，相當淒涼。」龍捲風望著鏡中正為自己塗染髮膏的信一：「一轉眼就長大了。」

信一也從鏡中回望龍捲風，笑了笑。

「哥哥，你知不知大老闆又發癲？」

「什麼事？」

「前幾天，他找人掃自己的場，對付他的頭號門生。」信一說得眉飛色舞：「那個叫陳洛軍的厲害啊，獨闖龍潭，一個打十九個，雖然最終也敗退收場，不過我欣賞他的膽識。」

「你又好像置身現場一樣。」龍捲風不置可否：「之後呢？」

「大老闆對他下了江湖追殺令，一節肢體可換一個地盤，有夠變態啊！」信一喝了一口水，續道：「可足足追了他三日三夜也沒人抓得住他。」

「看來這個人有點能耐。」

不知為何，龍捲風似乎對這話題生出興趣，竟追問下去：「你在外面有沒有見過他？」龍捲風摸著小黑的肚皮。

「沒有啦，我在外邊闖出名堂的時候，他還未出道。」信一：「聽說他在這一兩年才冒起。」

「為了討回公道，單挑大老闆，是個有勇氣的人。不過明知實力不夠，卻仍要以下犯上，似乎帶點衝動，畢竟年青。」

「又有幾多個像我一樣，又有實力又有智慧。」

「十二少、陳洛軍，還有我家信一，黑道是你們年輕人的世界了。」龍捲風直接無視信一的話。

「陳洛軍被整個江湖追殺，過得到下星期再說吧。」

過了一會，信一替龍捲風染好了髮。龍捲風動了動，小黑亦從他身上跳走。

「完成了，超帥！」信一自滿地說：「兩邊髮鬢留白，平實中見不平凡，不刻意中帶點刻意，比整個頭染黑多了一份層次。」

「會不會太造作？」龍捲風望向鏡中側面那白色的髮鬢。

「當然不會！最緊要就是帥！你覺得不帥嗎？像不像神雕大俠楊過？」

「膚淺。」

龍捲風站起，信一為他脫去項上的圍布。

「喝不喝茶？我泡一壺大家一起喝。」

「好！」信一笑著回應：「快要播《幻海奇情》了，待會叫藍男下來一起看！」

龍捲風泡茶，信一收拾染髮後的東西，拿出掃帚清潔地板。兩個黑道上最舉足輕重的人物，翻手為雲覆手為雨，日常生活，卻跟尋常百姓家的一對尋常父子沒兩樣。

「阿鬼，有事找我嗎？」

信一整理了一袋垃圾，打開大門打算把它放出門口，剛好看見阿鬼到來。

「對啊！」

「入來慢慢說。」

「阿鬼，喝茶嗎？」正在泡茶的龍捲風說。

「不用了，我說幾句就走。」

信一著阿鬼在餐桌前坐下。

「什麼事啊？」

「今晚城寨來了個人啊。」

「晚晚都有人來啦，有什麼特別啊？」

「他是陳洛軍。」

、「陳洛軍！」信一想了想：「全香港那麼大，就只有城寨大老闆不敢進來，他逃到這裡，算他有點腦袋。」

「你猜他一入城惹怒了誰？」

「不會是我們的人吧？」

阿鬼擰頭。

「AV？」

「對啊！你怎會猜中的？」

「你問得煞有介事，一定是個狠角色，除了『龍城幫』的人，在城寨有誰狠得過AV？」

「信一哥，你頭腦很靈光！」

信一沾沾自喜一笑。

龍捲風也笑了，他是因為信一還會因少少讚賞而滿足覺得可笑。

「陳洛軍如何惹怒AV？」

「剛才AV正在進行比賽，他的對手超弱，完全是不AV的對手，眼看AV

快要把他錘爆，陳洛軍突然出現在擂台圈，把那人救走。」

「在外面開罪大老闆，一入城就挑戰AV，陳洛軍真是個惹火份子。」信一：

「AV 一定不會容忍他，他們有沒有交手？」

「正在出手之際，剛剛遇著AV 要去買叉蛋飯，打不成。」

「那算陳洛軍走運。」

「他擺明入來避難，需不需要趕他出城？」

「個個入城，都有他的原因，人家在外面走投無路才跑進來，只要他沒有搞事，由得他留下來啦。」呷了口茶的龍捲風開腔。

「哥哥也這樣說，暫時就別理他，他敢搞事，我會親自處理。」

「那我走先了。」

阿鬼報告完畢離開，過一會後，藍男帶著小白進來。

「小白，你也來了。」信一摸摸小白的頭。

「汪汪！」小白望著信一吠了兩聲。

「幹嘛？你好像有事要跟我說。」

「汪！」

又吠一聲的小白，原地轉了兩圈，發出嗚嗚低鳴。

「小白，你想說什麼啊？我真的不知你想怎樣啊，要不，你還是說回中文吧！」

「汪汪！」

小白有點生氣，咬了信一袖口一下，然後又吠了兩聲，走到大門，不停抓起來。

「牠是不是想溝女？」信一望向藍男。

「我也不知道牠發生什麼事，剛才去完街回家之後就一直坐立不安，不斷抓門，好像想外出。」

「你帶牠去了哪裡？」

「競技場。」

「牠會不會想落場戰鬥？」

「你白癡啊。」

「那小白有沒有接觸過什麼人？」

「有啊，就是今晚大鬧技競場的陳洛軍。」

「又是陳洛軍？」

「你認識他？」

「現在全江湖都認識他。」

「他那麼有名？」

「他被大老闆下江湖追殺令，現在整個黑道也當他唐僧一樣，個個都想割他的肉。」

「唐僧，哈哈！」

信一望望時鐘。

「差不多了！」他按了電視的開關鍵，螢幕出現《幻海奇情》的片頭畫面。

「做了做了！」信一關上大廳的燈：「哥哥，一起來看！」

信一跟藍男盤膝坐在梳化，蓋著一張薄被，聚精會神望著螢幕。

哥哥從廚房端了杯熱茶，坐在藍男身邊。

「哥哥，天氣開始冷了，一起蓋被。」藍男把薄被蓋上龍捲風的大腿。

廚房透出淡淡黃光，三個人一頭狗，於深秋晚上在斗室大廳蓋著同一張被，收看《幻海奇情》這情景，一直都是信一跟藍男心裡最溫暖的畫面。

在多年之後，每當信一回想起這一幕，仍然會感到鼻酸、仍然會感到刺痛，卻同時仍然會感到暖意、仍然會感到幸福。

第二天，帶著一身倦意的信一走到「阿柒冰室」。

他選了個卡位，打了個呵欠。

一名禿髮夥計走到信一身旁。

「Peter 哥，早安！」

「天都黑了，還早安？」Peter 哥撥了撥稀疏的劉海：「信一哥，眼圈黑成這樣，整晚沒睡嗎？」

「昨晚小白不知發什麼神經，整晚對住門口嗚嗚叫，藍男又一直開著收音機，兩人一狗都無心睡眠。」信一又打呵欠：「到了下午才勉強睡了一會。」

「我幫你寫個餐蛋麵，熱齋啡提提神吧。」

「好的！」

信一吃過了他的「早餐」，冰室外面開始擠滿了街坊。

「叉蛋飯似乎要出爐了。」信一：「Peter 哥，我吃飽了，把座位留給街坊，麻煩幫我埋單。」

信一埋單後，走到收銀櫃檯對面的燒味廚部，細看著留長了頭髮的阿柒正在專心斬叉燒。

只見阿柒刀法俐落，眨眼間已把大塊叉燒斬成厚薄適中的一片片。

「柒哥的刀法又進步了！」

「哈哈，過獎！」

阿柒把一碗叉蛋飯遞給等候的婆婆：「今日最後一碗叉蛋飯，婆婆你的，請慢用。」

街坊見叉蛋飯沽清，相繼散去，信一亦同時步出冰室。

當一眾街坊散去的時候，卻有一個銀白髮的男子站著不走。

他的雙眼被貼在冰室門前的一張招聘啟事吸引著。

遠去的信一像感應到了什麼，停住腳步。

信一回頭，男子卻剛好步入冰室。

當信一的視點落到冰室時，門口已經空無一人。

信一皺了皺眉，又再繼續提步而行。

回到賭館的帳房，信一的工作枱上，放了個計算機、算盤，還有幾本帳簿。

信一沒有即時埋頭工作，站在工作枱後面的逾十呎的關公神祇，點了一炷香，合眼拜了幾拜。

「關二哥保佑，今晚我可專心完成帳目！」

今天是月底埋數日，每逢這一天，信一都要通宵達旦才能完成工作。

信一坐下來，打開帳簿，搖了搖算盤，開始點算。

信一的手指修長，撥動算盤的動作好像變魔法一般，相當好看。有時候，阿鬼會不由自主，看得入神。

噠噠噠噠噠噠噠噠噠噠──

算珠的撞擊聲很有節奏感，像樂曲般於房間內迴響。

經過一輪運算後，然後交由坐在對面的阿鬼幫手覆核一次。

信一全情投入計算，阿鬼為他沖了杯咖啡，放在枱上。正當他返回座位工作，樓下傳來了一陣咆哮聲浪。

阿鬼眉頭一緊。

信一卻不為所動，繼續撥動著古舊的算盤。

「下面好像有事故發生。」

「殊。」信一繼續專注工作：「阿鬼，不要吵。」

此時，帳房的大門被踢開。

怒氣沖沖的白髮男，抽著一名壯漢的衣領在地上拖行，闖上帳房。

白髮男把壯漢一抛，把他擲向信一的工作枱。

信一剛好完成一項帳目，看見阿鬼扶起地上壯漢。

信一沒有動怒，伸了個懶腰，慢慢站起，狐疑地望著白髮男。

白髮男也緊盯著信一。

兩個男人互相對望，空氣似被凝固。

良久，白髮男吐出一句。

「你就是信一？」

信一直視著眼前這個來搞事的男人。

「我就是信一。」

二人再次相遇，

白髮男已不是當天那個力有不逮的小胖子；

而龍城第一刀，也不再是那個乳臭未乾、初出茅廬的小霸王了。

《信一傳》完

後記

《九龍城寨之圍城》上映之後，原著再次獲得關注，在寨民發揮力量之下，小說三部曲的再版都取得佳績，反應超乎想像。因著大家的熱情，令我萌生推出《信一傳》的念頭。

其實早在2018年《龍頭》出版之後，就想過要寫一個關於信一的故事，時空設定在《終章》之後。當真的決定落筆《信一傳》，想了兩、三個方向，最後卻是敲定故事發生在龍捲風尚存的時空，並在想好了幾場主要戲碼之後，就立即動筆，開始了在Patreon的每周連載。

那幾場主要戲軌，分別是：信一初闖尖沙咀、中段偶遇泰國椰子大叔，以及結局一幕，中間的過程和細節，是一路寫一路浮現，很多突如其來的點子，很多因應劇情的情緒，跟信一可謂一同成長、一同經歷。

《信一傳》跟三部曲方向很不同，以往我都是先想好了一個大奸角Final Boss：《圍城》的大老闆與王九、《龍頭》的雷震東、《終章》的雷公子。至於《信一傳》，嚴格來說都沒有一個大奸角，關公與忌廉哥都只是在信一成長期中遇到的對手，說不上大敵，劇情最終導向並非「打大佬」，反而把重心落在龍捲風與信一這對「父子」的情感關係上。由於《圍城》是由陳洛軍的視點出發，也沒有側寫過風與信，就算《終章》有提及信一小時候跟龍捲風的相處，也屬片段式，並不深入，令這兩個人的關係一直有不少留白，《信一傳》正好把我腦裡面很多關於二人的相處畫面，盡情地寫出來。

另，椰子大叔出現那一幕，本來是設定在《終章》之後，但轉念一動，在龍捲風還在的時空發生，應該會更觸動。在連載期間，有讀者發現大叔有句話：「都是一句，隨你喜歡。」跟《龍頭》中阿 Jim：「隨你喜歡，都是一句。」同出一轍，以為是刻意安排，但實情是……我自己也忘了《龍頭》寫過這句，到讀者相互對照時，我才驚覺。只能說，哪個人物合該說哪些對白，完全按照性格而定，又或每個角色的遣詞用句、語氣、用字方式，什麼人說什麼話，已像一個活生生的人，渾然天成。成書之前校閱，曾想過將兩句統一，但既然阿 Jim 和椰子佬都是那麼隨性的人，那就這樣好了。

在本篇出場的忌廉哥，他的背景以及和 Tiger 叔的關係只是輕輕帶過，留了一個伏筆，如果日後還有《九龍城寨》後續，再作細述。那段後續，應該是最終極的終極結局，在我腦海中一直有腹稿，但由於情節過於慘烈，怕會破壞三部曲的完整，所以還未決定應不應該動筆……或許讓我沉澱一下再作決定吧。

《信一傳》出版後，信一五子以及其他角色，會有一段時間不再在我筆下出現，但我相信他們的故事，將會在另一媒體繼續述說下去。

又說不定，未來會由海外的創作人重新編寫他們的故事呢！

余兒

九龍城寨 CITY OF DARKNESS 外傳

余兒——著

作者	余兒
編輯	小尾
設計	faminik
校對	Eva Lam
出版	創造館 CREATION CABIN LTD.
地址	荃灣美環街 1-6 號時貿中心 6 樓 4 室
電話	3158 0918
發行	泛華發行代理有限公司
地址	香港新界將軍澳工業邨駿昌街七號二樓
承印	美雅印刷製本有限公司
出版日期	2025 年 7 月
ISBN	978-988-70777-7-0
定價	HK$148

本故事之所有內容及人物純屬虛構，
如有雷同，實屬巧合。